Kloster Banz
von der Nord-Westli-
chen Seite
SEPT.
OCC.
OR.
MER.
Schafgraben
Pflokers kreuz
Bühl
Hader eken
Hohe Höhe
Pfitschen thal
Schrötlein
Kaffamohr eken
Hesig
Krumme kehr
Schmidts eken
Coburger Weeg

Kloster Banz

Kloster Banz

Natur · Kultur · Architektur

Text
Günter Dippold

mit Beiträgen von Manfred Baumgärtel und Bernhard Kästle

Fotos
Andreas Bornschlegel

Obermain Buch- und Bildverlag Bornschlegel
Staffelstein 1991

Vorderer und hinterer Vorsatz: „Geometrischer Grundriß des Banzer Berges“ mit vier Ansichten des Klosters, gezeichnet von dem Banzer Mönch Johann Baptist Roppelt im Jahr 1788.
Rückseite: Amtswappen des Abtes Gregor Stumm (reg. 1731–1768) am Orgelprospekt in der Banzer Klosterkirche.

Obermain Buch- und Bildverlag Bornschlegel
Lichtenfelser Straße 13, 8623 Staffelstein
Für die Mehrzahl der Aufnahmen wurde Negativ- und Positivmaterial der Firma Agfa-Gevaert verwandt.
Lithos: Manfred Lipfert GmbH, Coburg
Satz: Fotosatz Menzner, Grub am Forst
Druck: Druckhaus Werner Hofmann KG, Sonnefeld

ISBN 3-9801257-3-4

Inhalt

Geologischer Überblick

Von Bernhard Kästle

Die Gegend von Banz gehört geologisch gesehen zum Mittelgebirgszug des Fränkischen Jura. In der Jurazeit waren weite Teile Deutschlands von einem Meer bedeckt (Abb. unten) in dem sich Schlamm ablagerte, der im Laufe von Jahrmillionen zu einem festen Gestein wurde. An den Talhängen treten die verschieden alten Ablagerungen zutage. Die ältesten sind in den Tälern, die jüngsten auf den Bergrücken zu finden. Die einzelnen Gesteinsschichten sind in der geologischen Karte verschiedenfarbig dargestellt (Abb. 9). Die ältesten Ablagerungen der Gegend die an die Erdoberfläche treten, stammen aus der oberen Triaszeit, dem Keuper. Darauf folgen die Gesteine der Jurazeit, auf denen lokal eiszeitlicher Kies und Löß liegt. Im folgenden werden die einzelnen Zeitabschnitte kurz umrissen.

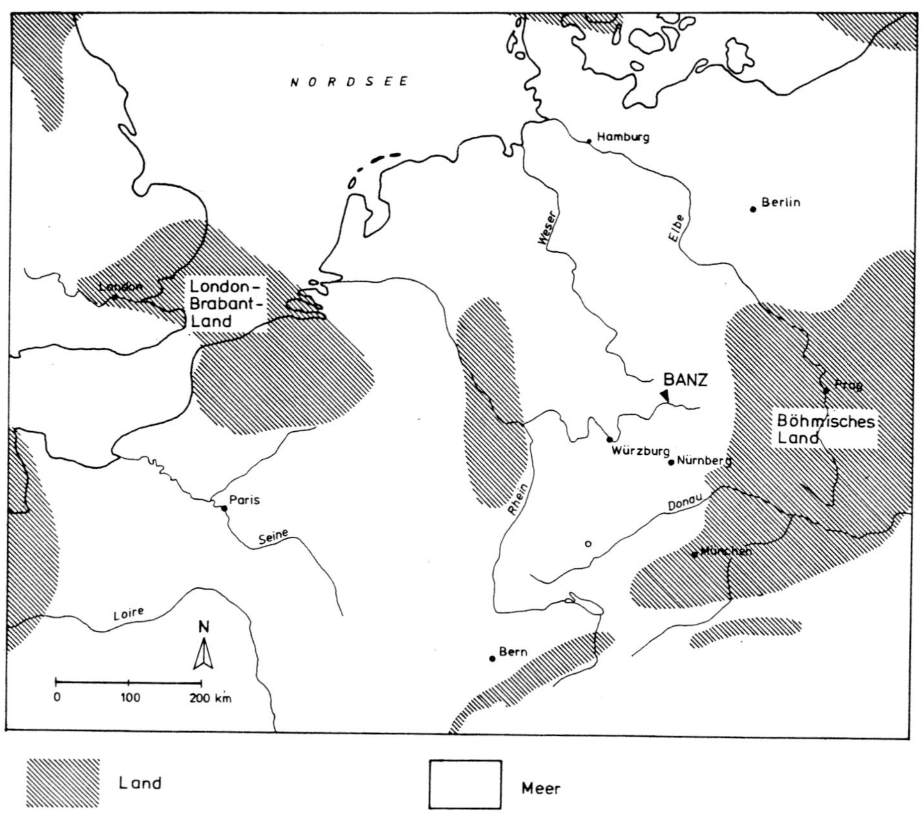

Trias (248–213 Millionen Jahre)

Nur die Ablagerungen der jüngsten Trias (225–213 Mio. J.) sind in der Gegend zugänglich. Es sind grobkörnige, helle, schlecht sortierte Sandsteine, der sogenannte Burgsandstein. Die Sandsteine sind von dünnen Tonlagen durchzogen. Gelegentlich lassen sich Linsen mit Pflanzenhäckseln finden. Die Ablagerungen wurden in weiten Ebenen von Flüssen abgelagert.

Als nächst jüngere Schicht folgen die sehr kräftig roten Tone der Feuerletten. Lokal können sie graugrün oder von geringmächtigen Lagen aus Tonstein durchzogen sein. Die Schichten sind fossilleer. Im Bereich von Kösten und Schönsreuth treten sie zutage und bilden dort weite Hänge. Die Feuerletten wurden in einem flachen, warmen Meer abgelagert.

Als oberstes Schichtglied der Trias treten nochmals grobkörnige Sande auf, die im Vergleich zu denen des Burgsandsteines meist etwas feinkörniger und überwiegend ockerfarben sind. Die Sandsteine wurden in Steinbrüchen bei Schönsreuth abgebaut. Sie entstanden wahrscheinlich im Randbereich eines Meeres.

Das Klima der Triaszeit war im allgemeinen ausgeglichen, warm und nicht allzu feucht, wobei es daneben aber kurze feuchte Abschnitte und ausgesprochene Trockenperioden mit Gips- und Salzbildungen gab.

An der Zeitwende Trias/Jura, genauer gesagt an der Zeitwende Rät/Lias, wurden Sandsteine abgelagert, die zeitlich nicht genau einstufbar sind. Man bezeichnet sie deshalb auch als Räto-lias-Sandsteine.

Der Jura (213–150 Millionen Jahre)

Der Name „Jura" ist der Name einer Schweizer Mittelgebirgsgegend. Die dort vorkommenden Gesteine wurden als Jura-Gesteine bezeichnet, die Zeit aus der sie stammten, benannte man Jura-Zeit. Die Jura-Zeit wird in drei Epochen unterteilt:

Lias	(Schwarzer Jura)	213–188 Millionen Jahre
Dogger	(Brauner Jura)	188–163 Millionen Jahre
Malm	(Weißer Jura)	163–150 Millionen Jahre

Die Bezeichnung Schwarzer, Brauner und Weißer Jura beziehen sich auf die jeweils vorherrschenden Gesteinsfarben der Ablagerungen innerhalb des Schwäbischen und Fränkischen Jura.

Geologie des Gebietes Staffelstein - Lichtenfels

Die geologische Karte gibt den Gesteinsaufbau eines Gebietes wieder. Die einzelnen Gesteinsschichten sind in verschiedenen Farben dargestellt. Zur Erstellung der geologischen Karte werden mit Hilfe einer topographischen Karte, auf der die Geländegestalt, Bäche, Wege u.s.w., eingezeichnet sind, die einzelnen Gesteinsschichten im Gelände gesucht und in die Karte eingetragen.

Aus der Karte geht deutlich hervor, daß durch Bäche und Flüsse zunehmend ältere Schichten freigelegt werden. Die Karte dient als Grundlage für den Bau von Straßen und Gebäuden und zum Auffinden von Quellen und Rohstoffen wie Kies, Ton und Erz. Um die Lagerung der Schichten zu veranschaulichen kann aus den Aufzeichnungen der geologischen Karte ein Schnitt (Profil) durch die Erdoberfläche konstruiert werden.

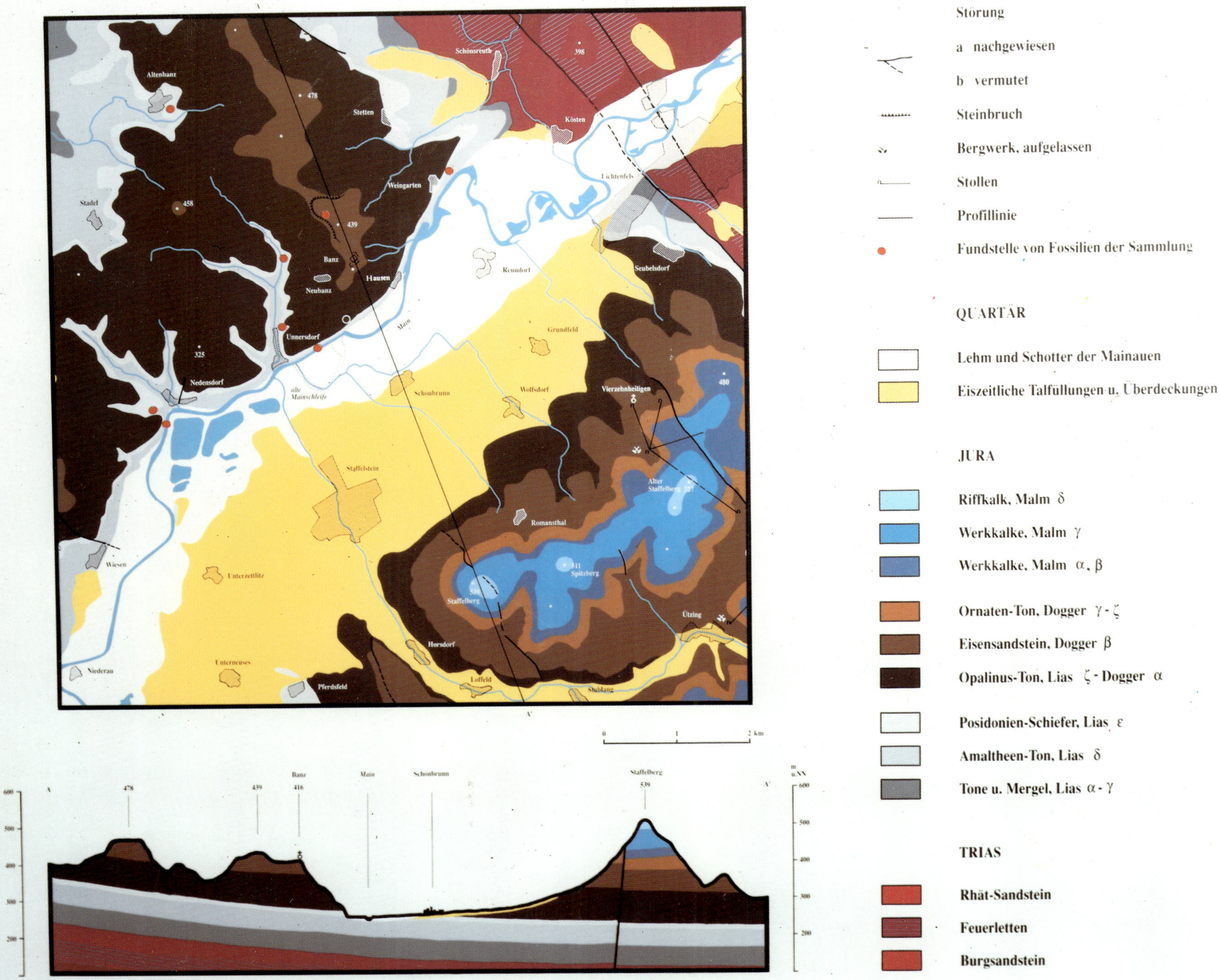

Auf einem mäsigen Berge, der Triemeisel genannt, eine Stunde von dem Stifte Banz, findet man die schönsten Versteinerungen, in ausserordentlicher Menge, woran überhaupt die Gegend nicht arm ist.
Friedrich Carl Gottlob Hirsching, 1789

Der Lias

Nur an einer einzigen Stelle, dem Trimeusel, ist ein größerer Abschnitt des 90 Meter mächtigen Lias aufgeschlossen (Abb. 10). Der Trimeusel ist ein Prallhang des Mains bei Nedensdorf. Seit der Verbauung des Mainufers versinkt das Naturdenkmal leider zunehmend stärker in seinem eigenen Schutt. Die Gesteine des unteren Lias bestehen hauptsächlich aus fossilarmen grauen Tonen und Mergeln. Von besonderer Bedeutung für die Gegend sind die bitumenhaltigen Tonschiefer des höheren Lias, die sogenannten Posidonienschiefer. Aus ihnen stammen die meisten einmaligen Versteinerungen der Petrefaktensammlung in Kloster Banz. Unter den Funden sind Krebse, Tintenfische, Fische, Fischsaurier, Meereskrokodile und Flugsaurier. Die Posidonienschiefer sind in Deutschland weit verbreitet, meist jedoch unzugänglich. Holzmaden, südwestlich von Stuttgart bei Kirchheim, hat wegen der vorzüglich erhaltenen Fossilien aus dem Lias Weltruhm erlangt.

Die Frage, warum in den Posidonienschiefer so viele gut erhaltene Fossilien zu finden sind, wurde schon früh gestellt. Aufgrund von jahrzehntelanger Forschung läßt sich dies folgendermaßen erklären: Die Lebensbedingungen im Meer waren allem Anschein nach nicht außergewöhnlich. Man kann ein gut durchlüftetes Wasser mit einem reichen Tier- und Pflanzenleben annehmen. Der hohe Bitumengehalt im Gestein spricht für eine Blüte der Kleinstlebewesen (Plankton) in den oberen Wasserschichten und damit auch für ein reiches Nahrungsangebot. Auf dem Meeresboden lebende Tiere wie Muscheln, Seeigel und Krebse treten nur in wenigen Schichten selten auf. Dies deutet auf einen Sauerstoffmangel in den bodennahen Wasserschichten. Woher kamen diese Bedingungen? Die Hauptursache war vermutlich eine starke Planktonblüte. Die abgestorbenen Lebewesen sanken zusammen mit dem vom Land antransportierten Ton auf den Meeresboden und verwesten dort. Bei der Verwesung wird Sauerstoff verbraucht. Ist der Sauerstoffaustausch mit den höheren Wasserschichten gering, so entsteht im Bodenbereich ein Milieu mit Sauerstoffmangel. Dies hat zur Folge, daß die gestorbenen Tiere dort nur langsam und unvollständig verwesen. Viele Meerestiere wurden von Schlamm bedeckt, bevor sie vollständig verfaulten. Ablagerungsbedingungen, wie wir sie für die Posidonienschiefer annehmen, sind heutzutage nur aus kleinräumigen tiefen Meeresbecken bekannt, zum Beispiel dem Schwarzen Meer. In ausgedehnteren, flachen Meeresgebieten können sich derartige Bedingungen heutzutage nicht aufbauen.

Der Dogger

Der untere Dogger besteht aus einem ca. 100 m mächtigen dunkelgrauen fossilarmen Ton, dem Opalinuston. Darüber folgt der etwa 50 m mächtige Eisensandstein. Das oberste Schichtglied des Dogger ist der 25 m dicke Oolithton.

Der ockerfarbene, feinkörnige Eisensandstein ist in der Region ein beliebter Baustein. Im bergfeuchten Zustand ist das Gestein gut zu bearbeiten. Banz und Vierzehnheiligen sind aus ihm errichtet. Im Gebiet von Vierzehnheiligen wurden bis 1940 Eisenerzflöze im Eisensandstein abgebaut. Das Berkwerk ist nicht mehr zugänglich, jedoch sind die Stollenmundlöcher und Halden noch erkennbar.

Der Oolithton des obersten Dogger ist durchweg schlecht aufgeschlossen. Es sind graue Mergel, die ockerfarben verwittern. In diesen Schichten kommen relativ viele kleine ockerfarbene Ammoniten vor, die als „Goldschnecken" bezeichnet werden. In unverwittertem Zustand ist der Oolithton grau, die Versteinerungen haben eine graugelbe metallische Farbe, die Ammoniten heißen „Silberschnecken". An der Erdoberfläche verwittert das Gestein. Das graugelbe Schwefeleisen zersetzt sich durch die Einwirkung von Sauerstoff in ockerfarbenes Eisenoxid. Aus den „Silberschnecken" werden die „Goldschnecken". Oft sind perlmutterglänzende Schalenreste erhalten.

Zum Leidwesen der Sammler zerfallen die Ammoniten meist im Laufe von einigen Jahren an der Luft unter Bildung von Schwefelausblühungen. Dieser Zerfall ist leider auch durch das Tränken mit Lack oft kaum zu verhindern.

Der Malm

Die Juraablagerungen enden mit den dunkel- bis hellgrauen Kalken und Mergeln des Malm. Der Malm ist in der Umgebung des Staffelberges gut aufgeschlossen. Einige Gesteinsabschnitte mit gebankten Kalken wurden in kleinen Steinbrüchen in der Gegend des Staffelberges abgebaut. Der untere Malm ist ziemlich fossilarm. Die höheren Abschnitte enthalten lokal fossilführende Mergel und verschwammte Bereiche mit einer mehr oder weniger gut erhaltenen Tierwelt aus Schwämmen, Seeigeln und Ammoniten. Das Plateau des Staffelberges, die höchste Erhebung des Landkreises Lichtenfels, besteht aus Gestein des höheren Malm.

Zusammenfassend kann man für die Jurazeit Folgendes sagen: Mitteleuropa lag etwa 5–10 Breitengrade südlicher als heute auf

Querkeles-Loch am Staffelberg

der Erdkugel. Dies entspricht etwa der heutigen Lage von Norditalien. Es gab keine vereisten Pole. Die nördlichsten und südlichsten Gebiete hatten ein Klima, das etwa dem heutigen in Mitteleuropa entsprach. Das Klima der Erde war durchweg ausgeglichener und wärmer als heute.

Kreide und Tertiär (144–2 Millionen Jahre)

Im obersten Jura hob sich das Gebiet des Fränkischen Jura. Das Meer wich nach Norden und Süden zurück. Die Gegend ist seit der Kreidezeit ein Abtragungsgebiet. Flüsse und Bäche schnitten sich in die ehemaligen Meeresablagerungen und formten so über Jahrmillionen hinweg die Landschaft des Fränkischen Jura. Während Kreide und Tertiär wurden wahrscheinlich Gesteine abgelagert. Die Ablagerungen fielen jedoch späteren Abtragungsphasen zum Opfer, so daß nur aus der jüngsten Zeit, dem Quartär, Schichten erhalten sind.

Quartär (2 Millionen Jahre – heute)

Die Ablagerungen aus dem Quartär beschränken sich im wesentlichen auf die Schotter des Maintales und seiner Nebentäler. Daneben treten Lößablagerungen an den Talrändern auf. Die Mainschotter werden in zahlreichen Kiesgruben abgebaut. Die Gerölle stammen nach Schirmer (1980) aus folgenden Hauptliefergebieten: dem Frankenwald, der Münchberger Hochfläche, dem Fichtelgebirge und dem Jura der näheren Umgebung. Die ältesten Schotter der Gegend stammen aus der Würmeiszeit (ca. 12000 und 8000 vor Christus), die jüngsten dem 19. Jahrhundert.

Die Frühlings- und Herbstnebel bieten den Bewohnern von Banz manches herrliche Schauspiel dar, wenn diese nämlich den ganzen Grund bedecken, und die Gipfel der benachbarten Berge, absonderlich der Staffelberg mit seinen colossalischen Felsen, wie Inseln da stehen [...]. *P. Placidus Sprenger, 1803*

Obermain-Therme Staffelstein

Das Thermalbad Staffelstein

Seit Sommer 1975 verfügt die Stadt Staffelstein über eine „Thermalsolquelle" im Stadtgebiet. Eine Thermalsolquelle ist eine stark salzhaltige Quelle mit einer Wassertemperatur über 20 °C. Das Wasser enthält darüber hinaus noch gelöste Kohlensäure. Aufgrund der Wasserzusammensetzung darf es als „Heilwasser" bezeichnet werden.

Das Wasser wurde in einer Tiefe von 1200 Metern erbohrt. Man stellt sich vielleicht die Frage, wie gerade Staffelstein zu einer Thermalsolquelle kommt. Es gibt geologische Bedingungen, bei denen sich unter Umständen Thermalwässer mit Heilwirkungen bilden. Hierfür sind in der Region von Staffelstein vier Bedingungen günstig:

1. Etwa 30 km nordwestlich von Staffelstein liegt eine Schaar vulkanischer Basaltgänge. Die schon länger bekannte Thermalquelle von Rodach bei Coburg liegt im Randbereich diese Gangschaar. Die Basalte stammen aus der Tertiär-Zeit und stehen in Zusammenhang mit dem Vogelsbergvulkanismus (westlich Fulda). Um den alten Vulkan kommen ebenfalls Heilwässer vor, zum Beispiel in Bad Königshofen, Bad Neustadt und Bad Kissingen. Von diesem Alten Vulkanismus stammt die Kohlensäure und eine erhöhte Erdwärme.

2. Die Gesteinstemperatur erhöht sich durchschnittlich um 3 °C pro 100 Meter Tiefe. Das bedeutet, das Gestein hat bei einer Bohrtiefe von 1200 Meter rein rechnerisch eine Temperatur von 36 °C. Die vorgefundene Wassertemperatur von 50 °C weist auf eine stärkere Temperaturzunahme. Sie ist auf den ehemaligen Vulkanismus zurückzuführen.

3. Man braucht in der gewünschten Tiefe ein poröses Gestein, das Wasser speichern kann. In unserem Fall dient ein poröser Sandstein, der Buntsandstein, als Speichergestein.

4. In der näheren Umgebung der Bohrung müssen Störungen im Gestein sein an denen das Grundwasser von der Erdoberfläche in größere Gesteinstiefen wandern kann. Im Gebiet Staffelstein – Lichtenfels laufen vier größere Störungen durch den Fränkischen Jura an denen eventuell Wasser wandern kann.

Auch wenn die genannten Bedingungen stimmen, bleibt es ungewiß, ob bei einer Bohrung tatsächlich Wasser angetroffen wird oder ob sie im trockenen Gestein endet.

Die Thermalsolquelle wirkt bei Erkrankungen von Herz und Kreislauf, dem Bewegungsapparat, chronischen Erkrankungen der Atemwege und Frauenkrankheiten heilend.

Zusammensetzung der Thermalsole aus dem Buntsandstein

Temperatur 47 – 52 °C.
ph-Wert 6,55 (bei 44,5 °C) [Das Wasser ist leicht sauer]

	pro kg Wasser
Natrium	31510,00 mg
Kalium	1033,00 mg
Ammonium	2,00 mg
Magnesium	789,00 mg
Calzium	1280,10 mg
Eisen	44,10 mg
Fluorid	4,80 mg
Chlorid	50965,00 mg
Nitrat	6,81 mg
Sulfat	3467,00 mg
Hydrogencarbonat	1050,00 mg

Ich ließ einspannen und fuhr durch den Wald nach Schloß Buch. Du kennst den Wald zwischen Banz und Buch! Du kennst ihn auch im Mai! So brauch ich weiter gar nichts zu sagen und zu beschreiben. Hier war ich wieder in meines Gottes Tempel, aus dem mich wüstes Geschrei und Menschenschwärme vertrieben hatten. Ein Dom wölbte sich über mir und beruhigte und erquickte die gemarterte Seele. Und wie Gottes leuchtendes Auge flimmerte die Sonne durch das wunderhelle Buchenlaub. Elsa von Stockmar, 1936

Die Wälder sind sowohl mit allen Gattungen von Brenn-, Bau- und Nutzholz, als auch mit vielem Wildpret, besonders Haasen und Rehen, zu Zeiten auch Hirschen und wilden Schweinen versehen, und die Botaniker finden allerhand seltene zur Medizin dienliche Kräuter und heilsame Pflanzen, wovon manche Gegend des Banzgaues einen Ueberfluß hat. P. Johann Baptist Roppelt, 1801

Blick vom Reundorfer Auwäldchen auf Banz

Vorgeschichte, Gründung und Frühzeit des Klosters

Der Banzgau, die Pfarrei Altenbanz und die Burg Banz

Was der Ortsname „Banz“ bedeutet, ist umstritten. Die ältere Ortsnamenkunde leitet ihn vom niederdeutschen Wort „bant“ ab und deutet ihn als „Gau“; in neuerer Zeit aber wird die These vertreten, „Banz“ sei slawischen Ursprungs und bedeute „Straße“ oder „Weg“.

Diese Interpretation des Ortsnamens erscheint durchaus stimmig, kreuzten sich doch bei Altenbanz wohl zwei mittelalterliche Fernstraßen; eine führte von Frankfurt am Main über Hammelburg nach Böhmen, die andere von Regensburg über Hallstadt nach Erfurt.

Der Banzgau, ein Bestandteil des Grabfelds, benachbart dem Radenzgau, wurde begrenzt durch Main und Itz. Den nördlichen Abschluß bildete der Banzforst, der spätere Lichtenfelser Forst, der von der Itz bis an die Steinach reichte.

Der Mittelpunktsort des Banzgaues war Altenbanz. Hier wurde um 800 eine Kirche errichtet, deren Innenraum Ausgrabungen zufolge 9,5 Meter breit und 11 Meter lang war. Von Altenbanz aus betreute ein Pfarrer einen ungeheuren Sprengel, der sich rechts des Mains von Marktgraitz im Nordosten bis Ebing im Süden und im Itzgrund von Niederfüllbach im Norden bis Rattelsdorf im Süden erstreckte, der also den gesamten Banzgau umfaßte und in dem ursprünglich wohl über 43 Orte lagen. Um das Jahr 1000 standen die nächsten Pfarrkirchen in Fechheim, Pfarrweisach, Staffelstein. Selbst nachdem einige Altenbanzer Filialkirchen zu Pfarrkirchen erhoben worden waren – Marktgraitz, Mürsbach und Rattelsdorf werden im 14., Döringstadt, Watzendorf und Schney im 15. Jahrhundert als Pfarrsitze genannt –, war der Sprengel des Altenbanzer Seelsorgers immer noch ausgedehnt; für etwa 42 Dörfer und Höfe war der Pfarrer zuständig.

Wohl im 9. Jahrhundert, also ungefähr zeitgleich mit der Altenbanzer Kirche, entstand eine Burg auf der höchsten Erhebung des Banzberges, wenige hundert Meter nördlich der späteren Klosteranlage. Bei dieser Burg handelte es sich um eine Ringwallanlage mit einem Durchmesser von 300 Meter. Der Wall, der ein Areal von rund 10 Hektar umschloß, hatte einen Kern aus Erde, der durch Pfosten und Querriegel stabilisiert war und dem auf beiden Seiten trocken geschichtete Bruchsteinmauern vorgeblendet waren; verstärkt wurde die Befestigung in einer späteren Phase durch einen dem Wall vorgelagerten Graben. Vermutlich diente diese Burg als Versammlungsstätte, vielleicht wurde hier auch Gericht gehalten, sicherlich bot sie den Bewohnern des Umlandes in Kriegszeiten Zuflucht. Archäologische Untersuchungen zur Bebauung des befestigten Platzes, die möglicherweise zuverlässigere Aussagen über die Aufgaben der Burg erlauben würden, stehen noch aus.

Wer Kirche und Burg errichten ließ, wer im frühen Mittelalter Herr im Banzgau war, ist nicht sicher. Viel spricht dafür, daß der Banzgau ein Königsgutsbezirk war. Aber auch die Möglichkeit, daß schon um 800 ein Adelsgeschlecht über den Banzgau herrschte, ist nicht völlig von der Hand zu weisen.

Zu einem unbekannten Zeitpunkt und auf unbekannte Weise brachten die Schweinfurter den Banzgau unter ihre Herrschaft.

Diese Familie ist erstmals im Jahr 941 mit Berthold († 980) nachzuweisen; von wem er abstammte, ist umstritten. Berthold erscheint bereits 945 als Graf im Nordgau; ferner übertrug ihm Kaiser Otto I. die Grafschaft in Radenzgau, Otto II. machte ihn zum Grafen im Volkfeldgau. „Vom Frankenwald bis zum Regen und bis zur Donau, vom Mainknie bei Schweinfurt bis zum Fichtelgebirge und Böhmerwald saßen die Schweinfurter nunmehr im Namen des Königs zu Gericht und führten die königlichen und eigenen Vasallen und Ministerialen gegen äußere und innere Feinde des Reiches ins Feld“ (v. Guttenberg).

Bertholds Eigengüter erbte sein Sohn Heinrich († 1015), genannt Hezilo, und er folgte dem Vater auch in den drei Grafenämtern nach. Wie Berthold stand er in einem engen Vertrauensverhältnis zum ottonischen Herrscherhaus. So unterstützte Hezilo Herzog Heinrich von Bayern 1002 bei der Erlangung der Königswürde. Im folgenden forderte er Heinrich auf, ihm die durch dessen Wahl zum König freigewordene bayerische Herzogswürde zu verleihen; dies war möglicherweise schon seinem Vater zugesagt worden. Doch Heinrich schlug das Begehren ab. Nun verband sich Hezilo mit den Gegnern des Königs, namentlich mit Boleslaw Chrobry, dem Herzog von Polen, der 1003 Böhmen erobert hatte und seither Bayern bedrohte. Im Mai 1003 erhoben sie sich gemeinsam gegen König Heinrich II., doch dieser konnte Hezilo noch im Spätsommer desselben

Altenbanz

Pfarrkirche St. Laurentius in Altenbanz
Der Chor wurde 1645/46 errichtet, das Langhaus von 1688 bis 1691; der Dachreiter wurde 1805/06 erneuert.

Inneres der Pfarrkirche Altenbanz
Den Hochaltar schufen 1700/01 Bamberger Künstler, der Schreiner Alexander Wilhelm und der Bildhauer Sebastian Degler, aus dessen Werkstatt die Figuren der hll. Petrus und Paulus, Kilian und Dionysius

sowie die des Kirchenpatrons Laurentius stammen. Der Tabernakel entstand 1755. Umgestaltet wurde der Altar 1778 und 1791/92. Das Altarblatt zeigt die Krönung Mariens.
Die beiden Seitenaltäre fertigte 1802 der Bamberger Bildhauer Georg Joseph Mutschele; die Statuen sind allerdings älter.
Den gesamten Stuck schuf der in Mistelfeld ansässige Heinrich Seelmann aus Staffelstein 1784/85.
Die sechs Kreuzwegstationen im Chor, die im 18. Jahrhundert für die Altenbanzer Kirche gemalt wurden, kamen 1986, in Hannover wiedergefunden, zurück.

Jahres niederwerfen. Hezilo verlor seine Grafenämter, erhielt aber nach einer einjährigen Haft seine Eigengüter zurück.

Der Aufstand gegen den König und die Niederlage brachen also nicht die politische Macht des Geschlechtes. Im Gegenteil: Den Sohn Hezilos, Otto, erhob Kaiser Heinrich III. 1048 sogar zum Herzog von Schwaben. Verheiratet war dieser Schweinfurter mit Irmgard, der Tochter des Markgrafen Maginfred von Susa, deren Nichte später Heinrich IV. zum Mann nahm; Ottos Töchter waren mithin Cousinen der Kaiserin. Als Herzog von Schwaben starb Otto 1057 ohne männliche Erben.

Einer der genannten Schweinfurter war es wohl, der – vermutlich im späten 10. Jahrhundert – auf dem vordersten Sporn des Banzberges, rund 160 Meter über dem Niveau des Maintals gelegen, eine Burg errichtete. In dieser Anlage, deren Mauern etwa 7500 Quadratmeter umschlossen, wurde später das Benediktinerkloster Banz gegründet.

Die Klostergründung

Das Bild, das man sich im Kloster von der eigenen Gründungsgeschichte machte, hat 1801 der Konventuale Johann Baptist Roppelt wie folgt zusammengefaßt:

„Die Herren von Banth hatten ein sehr ansehnliches Schloß mit 9 starken Thürmen an dem Orte, wo jetzt das Kloster steht: es fehlte ihnen bis in das eilfte Jahrhundert nicht an Erben, bis endlich der letzte dieses Geschlechts, zwar verheirathet, aber ohne Kinder starb: dessen hinterlassene Wittwe Alberadis heirathete hierauf den Grafen Herrmann von Vohburg, mit welchem sie vier Kinder zeugte, nämlich drey Söhne, Otto, Conrad, welche frühzeitig starben, und Heinrich, welcher sich auf dem zugefrornen Maynfluß ein Vergnügen machen wollte, dann mit dem gebrochenen Eise ins Wasser fiel und jämmerlich umkam, und eine Tochter, welche ein Hauptmann von Ratzeburg, weil er sie nicht zur Ehe erhielt, heimlich entführte. Da sich nun beyde ohne Erben sahen, entschloßen sie sich, ihr gräfliches Schloß Banth in ein Kloster zu verwandeln. [...] Der Graf von Vohburg wohnte hierauf einem Turnier zu Würzburg bey, wo er durch einen Lanzenstoß dergestalt verletzt wurde, daß er daran sterben mußte. Alberade, die letzte Gräfin von Banth entschloß sich also, noch bey ihren Lebzeiten die beschlossene Stiftung auszuführen: sie reisete persönlich nach Rom, um ihre Stiftung von dem damaligen Pabst bestättigen zu lassen: sie gieng ferner nach Fulda, und bat sich von dem dasigen Abt einige Geistliche aus, welche sie dann in ihr neu errichtetes Kloster übersetzte."

Diese Gründungsgeschichte, wie sie seit dem 14. Jahrhundert alle klösterlichen Historiographen – mit Variationen – berichtet haben, erzählen auch die Gemälde im barocken Kaisersaal des Klosters. Die beiden zentralen Deckenbilder zeigen Hermanns Tod beim Turnier und Alberada vor dem Papst, zu dem sie nicht nur gereist sein soll, um ihre Stiftung bestätigen zu lassen. Der Banzer Überlieferung nach wollte sie auch die Erlaubnis erwirken, ihren Mann in geweihter Erde beisetzen zu dürfen, denn dies sei ihr aufgrund des kirchlichen Turnierverbotes verwehrt worden. In Rom nun habe sie vom Papst die Genehmigung erlangt dank ihres Argumentes, Eheleute seien ein Fleisch, daher könne sie Buße tun für die Sünden ihres Mannes.

Dargestellt sind im Kaisersaal auch der Tod Heinrichs, des Sohnes der Alberada, beim Spiel auf dem zugefrorenen Main und die Entführung ihrer Tochter. Ferner sind in der Kirche – selbstverständlich fiktive – Porträts des Stifterpaares und im Kaisersaal ihre – ebenfalls fiktiven – Wappen zu sehen. Klösterlicher Überlieferung nach führte Alberada als „Gräfin von Banth" einen Türbeschlag, ein Tür*band,* im Wappen, Hermann einen Basilisken, ein Fabelwesen. (Das Konventssiegel wies spätestens seit dem frühen 16. Jahrhundert das Türband als Wappen auf; im Wappen der Äbte erschien – nachweisbar seit 1575 – der gekrönte Basilisk. Seit Abt Kilian Düring, der das Kloster von 1701 bis 1720 leitete, bildeten die vermeintlichen Stifterwappen vereint das Klosterwappen.)

Die dargestellte Gründungsgeschichte und die über die Entstehung des Klosters vorhandenen Urkunden wurden wiederholt kritisch hinterfragt, erstmals 1803 von dem Banzer Mönch Placidus Sprenger, zuletzt 1984 von Heinz Pfuhlmann.

Alberada war nicht die Witwe eines Grafen von Banth (= Banz), sondern die Tochter des letzten Schweinfurters. Dieser, Herzog Otto von Schwaben, hatte bei seinem Tod 1057 fünf Töchter hinterlassen. Eine, Eilica, stand als Äbtissin dem Regensburger Niedermünster vor; die übrigen vier teilten sich das väterliche Erbe. Dabei erhielt Alberada unter anderem den Besitz im Banzgau. Verheiratet war sie mit dem Grafen Hermann, der nicht – wie die klösterliche Tradition vorgab – dem Geschlecht der Vohburger, sondern dem der Grafen von Habsberg-Kastl entstammte. Sein gleichnamiger Vater († spätestens 1056) hatte sein Besitzzentrum wohl im Nordgau, griff aber

Angebliche Wappen des Gründerpaares
Wandgemälde im Kaisersaal

weit nach Süden aus; so soll er im Leitzach-Tal am südlichen Fuß des Wendelstein gerodet haben. Zur Frau hatte dieser ältere Hermann Haziga († 1103/04), die nach seinem Tod den Grafen Otto von Scheyern – den Stammvater der Wittelsbacher – zum Mann nahm; sie tat sich als Klostergründerin hervor, indem sie die Mönchszelle Margaretenzell (das spätere Bayrischzell) in ein Benediktinerkloster umwandelte, das sie um 1080 der schwäbischen Abtei Hirsau übergab.

Hermann und Alberada hatten wohl Söhne, die zur Zeit der Klostergründung nicht mehr lebten. Einem sächsischen Annalisten zufolge hatte das Ehepaar auch eine Tochter, die sich nicht standesgemäß mit einem Ministerialen verheiratete.

Die Gründung des Benediktinerklosters Banz fällt in die Zeit um 1070, wahrscheinlich in das Jahr 1071. Der klösterlichen Überlieferung zufolge holten die Stifter den ersten Abt und den Gründungskonvent aus Fulda; zeitgenössische Quellen fehlen. Die Umwandlung einer Burg in ein Kloster war durchaus nicht ungewöhnlich. Schon Alberadas Urgroßmutter Eila († 1015) hatte in die Stammburg des Geschlechtes, Schweinfurt, ein Kloster gestiftet, in dem sie und ihr Sohn Hezilo beigesetzt wurden. Der kinderlose Neffe Hermanns, Graf Otto von Habsberg-Kastl († nach 1108), gründete gemeinsam mit anderen Großen um 1098 ein Benediktinerkloster in seiner Burg Kastl. Nachkommen von Hermanns Mutter oder Stiefmutter Haziga schenkten dem von ihr gegründeten Benediktinerkloster ihre Burg Scheyern, in die das Kloster dann verlegt wurde.

Die Neugründung Banz übertrug das Stifterpaar der Bamberger Kirche, obwohl das Kloster und sein Umland bis 1808 in der Diözese Würzburg lagen. Diese Übertragung könnte das Patrozinium des Klosters bestimmt haben, falls es schon nicht auf eine Burgkapelle zurückging: Die Klosterkirche war dem hl. Petrus geweiht, der auch Patron des Westchors des Bamberger Domes war. Zweiter Patron der Klosterkirche war der hl. Dionysius.

Die Bischöfe von Bamberg behandelten Banz wie ihre anderen Eigenklöster. So setzten sie nach dem Tod des ersten Abtes einen Mönch ihres Klosters Michelsberg zum Abt von Banz ein; auch seine beiden, vor 1114 wirkenden Nachfolger – ebenso dem Michelsberger Konvent entnommen – wurden offenbar nicht von den Banzer Mönchen gewählt, sondern durch den jeweiligen Bamberger Oberhirten bestimmt.

Die Übertragung des Klosters Banz war nicht die einzige Stiftung Alberadas an die Bamberger Kirche. Zugleich mit Banz übergab sie ihr den Banzforst, wobei sie allerdings dem Kloster Banz das Recht der Holz- und Weidenutzung vorbehielt, und den Ort Marktgraitz mit nicht näher bestimmten Zugehörungen; ferner erkannte sie mehrere Orte, darunter Marktzeuln und Burg- oder Altenkunstadt, als bischöfliche

Fiktives Porträt des Grafen Hermann von Habsberg-Kastl
Wandgemälde in der Klosterkirche

Fiktives Porträt der Klostergründerin Alberada
Wandgemälde in der Klosterkirche

Lehen an, so daß sie nach ihrem Tod der Bamberger Kirche heimfielen. Dem Domstift übergab sie vermutlich den Wirtschaftshof Döringstadt samt neun zugehörigen Orten und fünf Wäldern.

Hermann und Alberada errichteten nicht nur das Kloster Banz, sondern auch das Augustinerchorherrenstift Heidenfeld, das sie 1069 dem Würzburger Bischof übergaben. Das Stift soll der Heidenfelder Tradition zufolge an der Stelle angelegt worden sein, wo der ertrunkene Sohn des Stifterpaares – hier anders als in Banz unter dem Namen Konrad bekannt – angeschwemmt worden war.

Graf Hermann – sein Todesjahr ist wie das seiner Frau ungewiß – wurde wohl nicht bei einem Turnier getötet; Turniere wurden in Deutschland nämlich nicht vor dem 12. Jahrhundert abgehalten. Sprenger vermutet, er sei 1078 im Kampf Heinrichs IV. gegen die Fürsten auf Seiten des Königs bei Mellrichstadt gefallen; in dieser Schlacht starb übrigens ein anderer Schwiegersohn Ottos von Schwaben, der schwäbische Graf Heinrich von Hildrizhausen, der für den Gegenkönig Rudolf von Rheinfelden focht.

Ob Alberada tatsächlich nach Rom reiste, ist weder zu beweisen noch zu widerlegen. Dasselbe gilt für die klösterliche Überlieferung, sie habe ihre letzten Lebensjahre zusammen mit einigen weiteren Frauen als Konversin von Banz auf dem Ägidius-Berg (dem heutigen Friedhof) verbracht und sei im Kloster beigesetzt worden.

In Banz wurde die Stifterin Alberada – der Beitrag ihres Mannes an der Klostergründung trat gegenüber ihrer Leistung zurück – im frühen 14. Jahrhundert als „beata“ (Selige) bezeichnet und verehrt. Um 1400 wird ein Sankt-Alberada-Brunnen (in Lichtenfels an der Alten Coburger Straße) erwähnt; im Zusammenhang mit diesem Brunnen wird von einem Quellwunder berichtet, das auch im Kaisersaal dargestellt worden ist. Aus Mitleid mit dürstenden Schnittern habe Alberada ihren Stab in die Erde gestoßen, und auf wundersame Weise sei augenblicklich eine Quelle entsprungen. Alljährlich am 12. November beging das Kloster einen Jahrtag für das Stifterpaar. Neben den Gottesdiensten gehörte es auch zu diesem Tag, daß „zur Mittagszeit unter mehrere hundert Arme, die von allen benachbarten Gegenden zuströmen, Brode, das Laiblein zu einem Pfund, ausgetheilt“ wurden (Sprenger).

Die Abtei Banz entstand nicht in einer klosterfreien Landschaft. Das Kloster Fulda, das im 8. und 9. Jahrhundert reiche Schenkungen in der Obermainregion erhalten hatte, war zur Entstehungszeit von Banz schon rund 325 Jahre alt. In Bamberg hatte Kaiser Heinrich II. 1015 das Benediktinerkloster Michelsberg gegründet und mit Besitz im südlichen Zipfel des Banzgaues, in Rattelsdorf und wohl auch in Ebing, ausgestattet. Erzbischof Anno von Köln hatte nur wenige Jahre vor der Gründung von Banz eine Benediktinerabtei in Saalfeld errichtet, die schon früh über Besitz im Coburger Land – und damit in der Nachbarschaft von Banz – verfügte.

Die Erneuerung des klösterlichen Lebens durch den hl. Otto von Bamberg

Nachdem vier Äbte in Banz gewirkt hatten, drohte das Kloster Banz einzugehen. Abt Heinrich, der früheste Geschichtsschreiber seines Klosters, berichtet – wohl nicht in jedem Detail zutreffend –, nach Alberadas Tod hätten böswillige Menschen dem Kloster Besitz entzogen und seine Güter verwüstet. Schließlich hätten Abt und Konvent Banz verlassen; nur ein gottesfürchtiger Laienbruder sei als Einsiedler in der Nähe der Klosteranlage zurückgeblieben und habe in einem steinernen Behältnis die Urkunden des Klosters aufbewahrt. Als Bischof Otto von Bamberg (1102–1139) – 1189 heiliggesprochen – nach Banz gekommen sei, habe er den Bruder befragt, was sich in dem verlassenen Gebäude einst befunden habe, und sich die Urkunden aushändigen lassen.

Nun betreten wir wieder gesicherten historischen Boden. Bischof Otto holte aus dem von ihm gegründeten Bamberger Eigenkloster Prüfening bei Regensburg den Mönch Balduin als Abt und weitere Mönche als Konvent nach Banz. Die Zahl der Mönche entwickelte sich im folgenden offenbar gut; bereits um die Mitte des 12. Jahrhunderts konnte Banz gemeinsam mit Michelsberg und Kastl einen Konvent für Heidenheim stellen, das damals von einem Chorherrenstift in ein Benediktinerkloster umgewandelt wurde. Ferner erneuerte Bischof Otto die Klosterbauten; am 21. September 1114 weihte er die Klosterkirche.

Vor 1127 bewegte der Bischof den Grafen Rapoto von Abenberg, der auch der Vogt der Bamberger Kirche war, und dessen Mutter dazu, ihm ihre Vogtei über das Kloster Banz zu Lehen aufzutragen (sie waren wohl mit Alberada verwandt und hatten die Vogtei geerbt); 1189 fiel die Vogtei dann der Bamberger Kirche heim. Ferner vereinbarte Otto mit Rapoto die Beschränkung der Leistungen, die das Kloster dem Vogt zu erbringen hatte.

Zu Seite 42/43
Gemälde Sebastian Reinhards zur Gründungsgeschichte
Oben: Heinrich, der Sohn Hermanns und Alberadas, ertrinkt im Main. Im Hintergrund sind der Staffelberg, die Stadt Staffelstein und die Vierzehnheiligen-Kirche dargestellt, die erst im 15. Jahrhundert entstand.
Unten: Rapoto entführt die Tochter des Gründerpaares von Banz (rechts) zu seiner Burg auf der Steglitz (links).

Banz ist nur einer von zahlreichen Fällen, in denen Bischof Otto von Bamberg als Gründer und Erneuerer eines Klosters auftrat, und hier wie andernorts verknüpfte er sein geistliches Wirken mit territorialen Interessen der Bamberger Kirche; die von ihm ins Leben gerufenen oder reformierten Klöster band er eng ans Hochstift Bamberg.

Auch im folgenden nahm sich der Bamberger Bischof der Abtei Banz an: 1127 übergab er dem Kloster den Berg Steglitz, der für Banz stets eine Bedrohung darstellte, und gebot seinen Nachfolgern, ihn niemals als Lehen zu vergeben und keine Befestigung (durch Adlige) zuzulassen. In Banz wurde der hl. Otto aufgrund seiner Verdienste später als zweiter Gründer des Klosters verehrt.

Banz und die Andechs-Meranier

Die Vogtei über das Kloster hatte 1231 – vermutlich als bambergisches Lehen – Herzog Otto von Andechs-Meranien († 1234) inne. Dieses Geschlecht hatte im 11. Jahrhundert durch die Heirat eines Grafen von Andechs mit einer Schwester der Alberada in Ostfranken Fuß gefaßt. Im 12. Jahrhundert hatte es seine Herrschaft nach Westen ausgedehnt, als es die Burgen Giech und Lichtenfels durch Heirat erwarb. Unter Kaiser Friedrich I. Barbarossa stieg Graf Berthold von Andechs († 1188) zum Markgrafen von Istrien auf; wohl 1180 wurde sein gleichnamiger Sohn († 1204) zum Herzog von Meranien erhoben. Dessen Sohn, Herzog Otto von Andechs-Meranien († 1234), der auch Pfalzgraf von Burgund war, stiftete 1231 dem Kloster Banz Güter, damit für seine in diesem Jahr verstorbene Frau, eine Urenkelin Barbarossas, ein Jahrtag gehalten werde.

Sein Sohn, Herzog Otto II., errichtete auf der Steglitz eine Burg, obwohl dieser Berg dem Kloster noch kurz zuvor als Besitz bestätigt worden war. Das Kloster empfand den Burgenbau offenbar als Besitzstörung und als Bedrohung, zumal zur selben Zeit Heinrich Schott im Itzgrund, banzischem Besitz benachbart, eine Wasserburg – Schottenau – anlegte. Die Bischöfe von Würzburg und von Bamberg – letzterer der Großonkel des Herzogs – brachten Otto 1239 dazu, die erst kurz zuvor gebaute Steglitz-Burg zu schleifen und zu versprechen, den Berg nie mehr zu befestigen. Doch auch in Zukunft hatte das Kloster unter dem Herzog zu leiden: 1245, als er den Bischof von Würzburg befehdete, wurde Banz durch ihn geschädigt. Der Zisterze Langheim erging es übrigens nicht anders: 1239 entriß ihr der Andechs-Meranier Besitz.

Herzog Otto starb am 19. Juni 1248 auf seiner Burg Niesten bei Weismain. Kurz vor seinem Tod übertrug er dem Kloster Banz den ganzen Zehnten von Coburg; dafür sollten einmal im Monat Messen für sein Seelenheil zelebriert und Almosen ausgeteilt werden. Ferner beschenkte er die Zisterze Langheim und das Stift Dießen am Ammersee; im burgundischen Poligny errichtete er ein Chorherrenstift. Kinder hatte Otto nicht. So fiel wohl die Vogtei über Banz – ebenso wie die Burgen Lichtenfels und Giech – der Bamberger Kirche heim. Und wie diese wurde die Vogtei im folgenden nicht wieder zu Lehen ausgegeben.

FILIVS AL

DÆ IN GLACIE PERIT

DÆ FILIA RAPTA PER RADPOTVM.

In dem grossen Saale, der in guter Proportion gebauet ist, sahen wir zwey Deckenstücke, welche die Geschichte des Stifters des Klosters vorstellen. […] Ich muß aber gestehen, daß ich kein Freund von Deckenstücken bin; und höchstunschicklich ist es gewiß, Geschichten, die auf der Erde vorgehen müssen, an der Decke zu malen, so daß dem Zuschauer die Pferde, Bäume und Häuser über den Kopf zu purzeln scheinen.

Friedrich Nicolai, 1783

Die Deckengemälde des Kaisersaales
Links: Tod Hermanns im Turnier
Rechts: Alberada vor dem Papst

Vor Sonnenuntergang liegt der durch sein ehemaliges Raubschloß berüchtigte Waldberg Steglitz, auf dessen oberstem Standpuncte man in beyde Städte Bamberg und Coburg sehen kann.
P. Placidus Sprenger, 1803

Banz als »Spital des Adels«

Bischof Otto von Bamberg holte mit den Prüfeninger Mönchen reformierte Benediktiner nach Banz. Man kann demnach davon ausgehen, daß in den folgenden Jahrzehnten auf dem Banzberg die Ordensregel beachtet wurde. Ein ganz anderes Bild bot das Kloster um 1500: Banz glich mehr einem Adelsstift als einem Benediktinerkloster. Wann und auf welche Weise sich dieser Wandel vollzog, ist noch weitgehend unerforscht; um 1350 gibt es bereits deutliche Anzeichen dafür, daß sich die Zustände im Kloster vom Ordensideal fortentwickelt hatten.

Fast alle Mönche von Banz, die im 14. und 15. Jahrhundert genannt werden, entstammten ritterschaftlichen Geschlechtern, die im östlichen Franken ansässig waren (von Sternberg, von Kunstadt, von Lichtenstein, von Theres, von Punzendorf, Groß von Trockau, von Zeckendorf, von Schaumberg, von Waldenfels). Wenn um 1400 der Lichtenfelser Bürgerssohn Ott Scheibe dem Banzer Konvent angehörte, so war dies wohl eher eine Ausnahme. Im übrigen kam er zwar aus keiner adligen, aber einer äußerst wohlhabenden Familie; sein Vater konnte es sich 1393 leisten, 1000 Pfund Heller auszugeben, um damit in Lichtenfels eine geistliche Pfründe an die neuerbaute Spitalkirche zu stiften. Diese Pfründe verlieh der Bamberger Bischof dem Sohn, Ott Scheibe. Durch ihren Ertrag hatte er private Einkünfte. Obendrein verfügte dieser Mönch über Privatbesitz, über Grundstücke in Lichtenfels. Nicht anders dürfte es sich mit seinen adligen Mitbrüdern verhalten haben; sie besaßen Geld, bewegliches Gut, hin und wieder vielleicht auch Grundstücke.

Damit nicht genug: Selbst das Klostervermögen war aufgespalten in Abts- und Konventsgut, und das Konventsgut wiederum war – wenn auch nicht völlig – in Einzelpfründen aufgeteilt; dieser Zustand ist bereits um die Mitte des 14. Jahrhunderts zu beobachten. Eifersüchtig wachten die Mönche – im späten 15. und im frühen 16. Jahrhundert lag ihre Zahl bei sechs oder sieben – darüber, daß der Abt sich nicht in ihre Vermögensverwaltung einmischte (und umgekehrt). Überhaupt rangen Abt und Konvent im 15. Jahrhundert häufig um Rechte und um die Macht im Kloster. 1404, 1488 und 1490 mußten Schiedsgerichte – bestehend aus Adligen und Räten des Bamberger Bischofs – zusammentreten, um über die zum Teil sehr ins Detail gehenden Streitfragen zu entscheiden.

Die Vorgänge erinnern an die Auseinandersetzungen, wie sie in vielen Bistümern des Reiches – so in Bamberg – Bischof und Domkapitel austrugen; wie es den Domherren gelang, ihre Macht auf Kosten des Bischofs zu erweitern und sich zu Mitregenten aufzuschwingen, so errangen auch die Banzer Mönche, wenn auch in geringerem Ausmaß, einen Anteil an der Leitung des Klosters.

Wollte der Abt Klosterdiener annehmen, so mußten sie auch auf den Konvent vereidigt werden. Über seine Wirtschaftsführung mußte er den Mönchen alljährlich durch die Vorlage einer Rechnung Rechenschaft ablegen. Klosterbesitz durfte er ohne die Zustimmung des Konvents nicht veräußern, höherwertige Lehen nicht vergeben. Wollte er Holz aus dem Klosterwald verkaufen, brauchte er ebenso die Genehmigung seiner Konventualen. Kurz: Von der Machtfülle, die die Benediktsregel dem Abt zuwies, war zumindest in Fragen der wirtschaftlichen Leitung des Klosters wenig geblieben.

Alltagsleben im spätmittelalterlichen Kloster

Der Alltag im Kloster Banz wurde in vielen Bereichen kaum mehr von der Benediktsregel bestimmt, sondern davon, wie die adligen Mönche und ihre weltlichen Verwandten das Kloster sahen. Für den fränkischen Adel aber stellte Banz in erster Linie ein „Spital zu irer eherlichen Hinpringung und Underhaltung“ dar, wo ihre Kinder „ein Statt und Wohnung“ hätten (so formulierte es 1529 ein Adliger). Das Kloster diente als Versorgungsanstalt für Männer aus niederadligen Familien.

Banz gehörte zwar zu den ärmeren Prälatenklöstern in Franken (siehe Seite 195 f.); gleichwohl war es wohl für Adelsfamilien nicht nur aus religiösen Gründen interessant, ihren Sohn ins Kloster zu geben. Denn der Konvent hatte schon 1379 beschlossen, die Zahl der Mönche auf 20 zu begrenzen, sicherlich in der Absicht, den Anteil des einzelnen an den klösterlichen Einkünften nicht allzu gering werden zu lassen. 100 Jahre später lebten gar nur sieben Konventualen in Banz.

Die Einzelpfründe gestattete dem Mönch – gelegentlich wohl in Verbindung mit Einkünften aus ererbtem Besitz – ein Leben, das seiner Herkunft angemessen war. Ob er dies auch hätte führen können, wenn er nicht in das Kloster eingetreten wäre, sondern nur einen Teil der väterlichen Güter erhalten hätte, ist in manchen Fällen zu bezweifeln, denn nicht wenige niederadligen Familien standen im späten Mittelalter unter erheblichem wirtschaftlichen Druck.

Kloster Banz wie es

Die frühneuzeitliche Klosteranlage hat 1786 der Konventuale Johann Baptist Roppelt – nach Vorlagen aus der Zeit um 1630 – gezeichnet und durch die folgende Legende erläutert.

A Die Kirche
B Der Chor
C Der Kirchs Thurn
D Kapelle S. Michaelis
E Dormitorium
F Kreuzgang
G Infirmarie
H 2 Refectoria
I Priorat und Schul
K Bibliotheck
L Neue Tafel-Stube, der gelbe Bau u. Backhauß
M Rüst-Hauß
N Die Abbtei
O Des Herrn Abbts Kapelle
P Desselben Bibliotheck
Q Ein Saal
R 2 Wein Keller
S Bier Keller
T Speiß-Kammer
V Tafelstube
W Der lange Saal
X Die Kanzlei
Y Der Ioachims-Bau
Z Die Kuche
a Der Kuchen-Thurn
b Das Hüner-Hauß
c Die Hofstuben
d Der tiefe Bronn
e Viehe Ställe
f Getraid Scheuer
g Schenkstatt
h Das Viehe-Hauß
i Das neue Bäulein
k Das Brau-Hauß
l Heu-Stadel
m Des Herrn Abbts Garten
n P. Prioris Garten
o Obst-Garten

Abt Alexander von Rotenhan (reg. 1529–1554)

Allzu strenge Weltabkehr und Askese vertrugen sich ebenso wenig mit dem adligen Selbstverständnis wie die bedingungslose Unterordnung unter einen Abt. So erzwangen die Mönche sich nicht nur einen Anteil an der Macht im Kloster, sie pflegten auch im alltäglichen Leben Gewohnheiten, die mehr ihrer Herkunft als ihrem monastischen Stand entsprachen. Im späten 15. Jahrhundert bewohnten die Konventualen gesonderte Wohnungen oder eigene Häuschen innerhalb der Klostermauern, die der Abt nur in ihrem Beisein betreten durfte. Zwar war 1488 der Bau eines Dormitoriums geplant, in dem die Mönche dann wenigstens die Nacht gemeinsam verbringen sollten, es ist freilich zu bezweifeln, ob dieses Vorheben umgesetzt wurde, ob wenigstens dieser Rest der vita communis wiederhergestellt wurde. Ihren Habit mußten die Konventualen nur in der Kirche und im Kreuzgang tragen; ansonsten durften sie offenbar ihre Mönchskutte gegen eine adlige Tracht eintauschen. Sie konnten ohne die Erlaubnis des Abtes das Kloster verlassen, wenn auch nur für eine geringe Entfernung. Dabei war es ihnen gestattet, Waffen zu tragen. Daß die Mönche Besuch von Verwandten und Freunden empfingen, war üblich.

Die Benediktinerregel wurde freilich nicht völlig aufgegeben. So versammelten sich die Konventualen im späten 15. und frühen 16. Jahrhundert zum Chorgebet; auch hatte der Abt seine Strafgewalt über die Mönche nicht verloren. Der Besuch von Wirtshäusern war den Konventualen untersagt.

Im übrigen gab es unter den adligen Mönchen, die wenigstens zum Teil als Kinder ins Kloster gegeben worden waren, durchaus fromme Männer. 1515 richtete der Prior Wolfgang Groß an den Abt den Wunsch, die „Regel unsers Vaters, des heyligen Sanct Benedicten [...] höher zcu erfaren und strengklicher zcu halten“. Er trat deshalb in das Kloster Michelsberg über, denn in Banz war es nach Einschätzung des Abtes für einen einzelnen nicht möglich, die Regel zu beachten. Mit einem ähnlichen Antrag war einige Monate zuvor schon der Mönch Alexander von Rotenhan an den Abt herangetreten. Doch er wollte von vornherein nur „ein Zceit lang“ in Michelsberg bleiben, und auch Wolfgang Groß finden wir später wieder in Banz. Das bedeutet: Beide Konventualen beugten sich freiwillig den Geboten der Benediktsregel, aber sie taten dies lediglich für eine begrenzte Zeit; dann kehrten sie nach Banz zurück.

Der Platz von Banz in der fränkischen Klosterlandschaft

Mit seinem Adelsprinzip stand Banz nicht allein da in der spätmittelalterlichen Klosterlandschaft Frankens: In nahezu alle Benediktinerabteien wurden bis in die zweite Hälfte des 15. Jahrhunderts ausschließlich oder vorwiegend Männer aufgenommen, die adliger Abstammung waren.

Aber nicht nur in den Männerklöstern des Benediktinerordens dominierte der Adel. Entsprechend waren die Zustände in vielen Frauenklöstern. Die Zisterzienserinnenklöster Sonnefeld, Himmelkron oder Schlüsselau – um nur die im heutigen

Sandsteinplatte, um 1530
Abt Alexander von Rotenhan schließt den Tod in ein größeres Gebäude ein und sagt dabei – so das Schriftband – „Vado mori [ich komme, um zu sterben] all hernach".

Vielleicht ließ der Abt diese Platte nach einer überstandenen schweren Krankheit anfertigen.
Links unten das Wappen der Familie von Rotenhan.

Oberfranken zu nennen – hielten bis zu ihrer Aufhebung im 16. Jahrhundert am Grundsatz fest, lediglich Frauen aufzunehmen, die mindestens aus ritterschaftlichen Familien stammten. Das Verhalten der adligen Nonnen, etwa in Sonnefeld, unterschied sich nur wenig von dem ihrer Vettern in Banz. Wie diese Mönche bauten sich zumindest einzelne Zisterzienserinnen Häuser im Klosterbezirk, wie jene wehrten sie sich gegen Versuche, das klösterliche Leben zu reformieren.

Seit dem 14. Jahrhundert beobachten wir eine Reformbewegung innerhalb des Benediktinerordens. In zahlreichen Abteien wurde, vor allem im 15. Jahrhundert, die klösterliche Disziplin wiederhergestellt. In Michelsberg zum Beispiel setzte 1463 der Bamberger Bischof den Abt von Jakobsberg bei Mainz, Eberhard von Venlo, als Abt ein; gegen den Widerstand des Adels führte dieser hier die Reform durch. Ähnlich waren 1444 Münsterschwarzach, 1446 Mönchröden, 1460 Neustadt am Main reformiert worden. Andere Benediktinerklöster wurden unter Beibehaltung des Adelsprinzips in Chorherrenstifte umgewandelt, so St. Burkard in Würzburg (1464), Ellwangen (1464) und Komburg bei Schwäbisch Hall (1488). Lediglich Banz, Theres und Münchsteinach blieben Benediktinerklöster und „Spitäler" des Adels.

Für Banz erließ der Würzburger Bischof Rudolf von Scherenberg 1492 ein Reformstatut, wie er es um diese Zeit für eine Reihe von Klöstern tat. Die Gehorsamspflicht der Mönche gegenüber ihrem Abt und das Schweigegebot sollten wieder Geltung erlangen. Eigenbesitz stellte der Bischof unter Strafe. Unnötiges Verlassen des Kloster verbot er, und wenn es doch einmal erforderlich sei, daß ein Konventuale reise, dürfe er keine Waffe mit sich führen (der Schiedsspruch von 1490 hatte dies ausdrücklich erlaubt). Der Mönch dürfe sein Ordenskleid nicht einmal dann ablegen, wenn er mit Genehmigung des Abtes eine Schenke besuche.

Der Bischof drang mit seinen Forderungen offenbar nicht gegen die althergebrachten Gebräuche durch, vielleicht auch, weil die weltliche Herrschaft nicht in seiner Hand war. Weiterhin bildeten die Schiedssprüche von 1488 und 1490 die Richtschnur für das Leben der Mönche, weiterhin bestimmten diese Entscheidungen die Verteilung von Macht und Rechten im Kloster. Noch der 1529 gewählte Abt mußte versprechen, sie zu beachten.

Der Bauernkrieg

Im Bauernkrieg des Jahres 1525 wurden das Kloster und seine Schafhöfe ausgeraubt und niedergebrannt. Seit April dieses Jahres hatten sich in Banz zwar Bürger der nahegelegenen Stadt Lichtenfels aufgehalten, um die Abtei vor Plünderungen zu schützen; Mitte Mai jedoch zog ein Haufen aus Lichtenfels zum Kloster und plünderte es – gemeinsam mit jener Besatzung. Noch am selben Abend wurde Banz unter unbekannten Umständen in Brand gesteckt. Einige Tage später zogen Staffelsteiner Bürger nach Banz, nahmen das mit, was die Lichtenfelser und das Feuer übriggelassen hatten, und fällten im Klosterwald die schönsten Bäume. Wie die Lichtenfelser die Schafe des Heinach-Hofes nach Lichtenfels getrieben hatten, so nahmen die Staffelsteiner die Schafherde vom Neuhof an sich.

Die Mönche zerstreuten sich; die meisten brachten sich bei Verwandten in Sicherheit. Nachdem der Schwäbische Bund den Aufstand niedergeworfen hatte, ordneten die Bischöfe von Bamberg und Würzburg an, das klösterliche Leben wiederherzustellen. Doch kehrten neben dem Abt nur drei der Mönche nach Banz zurück; die übrigen drei legten ihr Ordenskleid ab, da sie aufgrund der „manichfeltigen disputation", die Deutschland bewegten, Zweifel hätten, „ob das Closter- oder Ordensleben Bestand haben solh oder nit". Sie zwangen die zurückgekehrten Konventualen schließlich, ihnen auf Lebenszeit die Nutzung des Klosterbesitzes in Sachsen zu übertragen. Als Druckmittel hatten sie Urkunden und Siegel des Klosters in Händen, und sie nahmen die Abgaben der banzischen Hintersassen im sächsischen Territorium ein; dieser Besitz drohte dem Kloster verloren zu gehen.

Die Reformation

Bereits vor dem Bauernkrieg hatte die reformatorische Bewegung den Banzgau erfaßt. Im Januar 1526 beklagte der Abt einem Eberner Geistlichen gegenüber „die grose Irtumb dieser Zceit unter gemeynen Volck, also das einsteils lutterisch [ist] und nichts von den Ampten der Messen helt".

Auch Wiedertäufer konnten Ende 1526 um Banz Fuß fassen. In Zilgendorf und und wohl auch in Altenbanz gewann der Täuferapostel Hans Hut einzelne Anhänger, gegen die die Obrigkeit allerdings hart vorging.

Weder die Tatsache, daß die meisten Untertanen des Klosters Banz evangelisch waren – 1575 gab es im Banzgau nur einen Katholiken –, noch die Einführung der Reformation in Kursachsen 1528 beeinträchtigten die wirtschaftliche Lage von Banz. Zwar hob der sächsische Kurfürst die Klöster in seinem Territorium auf – darunter die Benediktinerabtei Mönchröden, aus deren Kirche Heiligenreliquien nach Banz gelangten –; den Besitz ausländischer

Klöster wie Banz in seinem Land aber tastete er nicht an. Lediglich die Patronatsrechte in Effelder und Mupperg gingen der Abtei verloren; hier bestimmte fortan der Landesherr, wer Pfarrer wurde.

Abt Alexander von Rotenhan

Abt Alexander von Rotenhan (1529–1554) baute die Klostergebäude wieder auf, die seit 1525 in Schutt und Asche lagen. Zunächst errichtete er die Kirche und die Kellerei, dann ein Schulhaus. Die Baumaßnahmen zogen sich lange hin; erst ab 1550 entstanden der Kreuzgang und das „Schlaffhauß“ (Dormitorium).

Ferner bemühte Abt Alexander sich, den Konvent – 1530 bestand er aus zwei Mönchen – wieder zu vergrößern. Er gründete eine Klosterschule, an der zwölf junge Adlige und einige „arme Schüler“ nicht-adliger Herkunft unterrichtet wurden, und hoffte wohl, auf diese Weise Nachwuchs anzulocken. Der Erfolg dieses Vorhabens war freilich bescheiden. Adlige aus ganz Franken nahmen zwar bereitwillig sein Angebot an, ihre Söhne kostenfrei im Lesen, Schreiben und Chorgesang unterrichten zu lassen – in den letzten Jahren der Schule, die bis etwa 1574 bestand, lernten die Schüler auch Latein und Griechisch –; von den Schülern legten jedoch nur sehr wenige das Ordenskleid an. Insgesamt traten unter Alexander von Rotenhan elf Adlige ins Kloster ein; von ihnen blieben aber lediglich vier lange genug in Banz, um die Priesterweihe zu empfangen.

Auch das Bestreben des Abtes, die Benediktsregel wenigstens in einigen Punkten zur Geltung zu bringen, blieb erfolglos, hatte er doch nach seiner Wahl gelobt, den Schiedsspruch von 1488 zu beachten, der seine Macht erheblich einschränkte. Zwar ließ er 1538 seine Konventualen schwören, ihm „merer Gehorsam dann zu andern Zeiten zu erzaigen“, aber das klösterliche Leben konnte er so leicht nicht reformieren.

In seinen letzten Lebensjahren lebte der Abt mit nur einem Konventualen im Kloster; die übrigen drei Mönche hatten Banz im Streit verlassen. Um doch noch einen größeren Konvent aufbauen zu können, erwirkte der Abt 1550 beim Würzburger Bischof die Erlaubnis, fortan auch Nichtadlige als Mönche aufnehmen zu dürfen; genutzt wurde diese Erlaubnis aber nicht.

Abt Georg Truchseß und der Streit um die Landeshoheit über Banz

Nach dem Tod Abt Alexanders kehrten drei geflohenen Mönche zurück; einer von ihnen, Georg Truchseß von Henneberg, wurde zum

Denkmal für den letzten adligen Mönch von Banz, Konrad Modschiedler von Görau, geschaffen 1588 von dem Steinmetzen Georg Dümpel in Altenstein

Abt gewählt. Nachdem der Parteigänger Abt Alexanders das Kloster verlassen hatte und ein weiterer Konventuale gestorben war, hatte Abt Georg nur mehr einen Mönch, denn Neueintritte gab es unter ihm nicht. Der Abt war wohl auch gar nicht daran interessiert, da er im Kloster wohl nichts als eine Versorgungsanstalt sah und möglicherweise mit dem Protestantismus liebäugelte.

Ab 1565 stritten sich die Fürstbischöfe von Bamberg und von Würzburg sowie die Herzöge von Sachsen darüber, wer der Schutzherr und damit der Landesherr über das Kloster Banz und seine

AB HIS DECVS ET PROTECTIONEM.

CVM BENEDICTIONE

Zu Seite 54/55
Das Deckengemälde im Fürstenzimmer zeigt Heinrich und Kunigunde, die hier das Hochstift Bamberg symbolisieren, und die Würzburger Diözesanpatrone Kilian, Kolonat und Totnan

Besitzungen sei. Bamberg hatte dieses Recht wohl seit der Gründung der Abtei, spätestens aber seit dem späten 12. Jahrhundert ausgeübt; in der Diözese Würzburg lag das Kloster (erst seit 1808 gehören Banz und Umgebung kirchlich zum Bamberger Bistum); Sachsen schließlich beanspruchte die Schutzherrschaft als Nachfolger der Klostervögte des 12. Jahrhunderts.

Dem Abt unterstellte die Bamberger Regierung im Mai 1565, er wolle den Klosterschutz den Herzögen von Sachsen übertragen, sie besetzte Banz militärisch und hielt Georg Truchseß gefangen, bis er den Bamberger Bischof als Herrn anerkannte. Nach seiner Freilassung blieb er entmachtet, da die in Banz anwesende bambergische Besatzung ihn überwachte. Bald darauf schickte Sachsen Soldaten ins Kloster, verjagte die Besatzung und machte damit den Abt wieder zum Herrn im Kloster. Im folgenden übertrug Abt Georg tatsächlich die Schutzhoheit an Sachsen, worauf Bamberg im Januar 1567 Banz erneut besetzte und den Abt von Münsterschwarzach und drei Mönche dorthin sandte; dieser Abt solle das Kloster leiten, als ob er „der recht Prelat" wäre. Abt Georg Truchseß floh in die Pflege Coburg. Im März 1567 eroberten sächsische Soldaten die Abtei zurück, setzten ihn wieder ein. Der Herzog von Sachsen hatte Banz aber 1568 nach einer Entscheidung des Reichskammergerichts aufzugeben; die sächsischen Ansprüche auf den Klosterschutz wurden durch eine größere Geldsumme abgegolten.

Der Abt mußte seine Würde im September 1568 niederlegen. Versehen mit einer jährlichen Pension, erwarb er 1569 das Rittergut Wildenheid bei Neustadt – 1598 kaufte er ferner das Schloß Ahorn – und heiratete 1571 Kunigunda Kemnater aus einem im Coburger Raum ansässigen niederadligen Geschlecht. Georg Truchseß überlebte zwei seiner Nachfolger als Äbte und starb im Mai 1598 in Wildenheid.

Mehrere Jahre hielten von 1568 an Bamberg und Würzburg das Kloster gemeinsam besetzt, da sie sich nicht einigen konnten, wem der Schutz und damit die Landeshoheit über das Kloster zustünden. Der Streit zwischen beiden Bischöfen um die Herrschaft über Banz, der bis ins frühe 17. Jahrhundert heftig ausgetragen wurde, dauerte an; erst 1685/88 wurde er – im wesentlichen zugunsten Bambergs – entschieden.

Im Mai 1574 setzte der Würzburger Bischof, Julius Echter von Mespelbrunn (1573–1617), eigenmächtig wieder einen Abt ein, den elsäßischen Adligen Heinrich von Jestetten, der bereits nacheinander in sechs anderen Klöstern – zuletzt in Neustadt am Main – Abt gewesen war. Echter ernannte ihn nicht nur ohne Wissen Bambergs; er ließ sogar die bambergische Besatzung in Banz verhaften, woraufhin der Bamberger Fürstbischof dem Kloster die Einnahmen sperrte. Jestetten trat sein Amt also unter schlechten Bedingungen an. Doch starb er schon am 21. April des folgenden Jahres.

Nun ließ der Bischof von Würzburg – bambergische Abgesandte wurden ausgeschlossen – am 20. Juni 1575 den bisherigen Abt von Münsterschwarzach (seit 1563), Johann Burkhard, zum Abt von Banz wählen. Da im Kloster nur noch ein Konventuale lebte, hatte der Oberhirte den Abt von St. Stephan und fünf Mönche aus verschiedenen Benediktinerklöstern des Hochstifts Würzburg als Wahlgremium nach Banz kommen lassen. Das Ergebnis der Wahl stand freilich von vornherein fest.

Julius Echter erwies sich als geschickter Taktiker, der hier – wie so oft in seiner 44jährigen Regierungszeit – politische und religiöse Absichten miteinander verknüpfte. Denn der Gewählte war sowohl treuer Parteigänger Würzburgs als auch erfahrener Leiter eines Klosters, der die Reform des monastischen Lebens auf dem Banzberg durchführen konnte. Burkhard war 1538 in Wettelsheim bei Treuchtlingen als Sohn eines markgräflichen Beamten zur Welt gekommen, hatte nach dem frühen Tod seines Vaters bei Verwandten in Ochsenfurt gewohnt, war ins Kloster Münsterschwarzach eingetreten und vom dortigen Konvent schon als 25jähriger zum Abt erkoren worden. Nach seiner Erhebung zum Abt von Banz leitete er sein Profeßkloster weiterhin (als Administrator).

Kurz vor Burkhards Wahl, am 21. Mai 1575, hatte Papst Gregor XIII. auf die Bitte des Würzburger Oberhirten hin das Prinzip aufgehoben, das in Banz lediglich die Aufnahme von Adligen gestattete. Einer Reform des Klosters, einem radikalen Neuanfang hatte Echter damit den Weg geebnet.

Kloster Banz von der Reform bis zum Barock

Abt Johann Burkhard und die Reform des klösterlichen Lebens

Abt Johann Burkhard (reg. 1575–1598) im Jahr 1587

Schon bald nach seiner Wahl begann Johann Burkhard damit, wieder einen Konvent aufzubauen und die fehlenden Klostergebäude zu errichten; zu beidem hatte er sich in seiner Wahlkapitulation verpflichtet. Als Mönche nahm er nur Nicht-Adlige auf; der erste, der unter Burkhard eintrat, empfing im September 1575 zu Würzburg die niederen Weihen. Um 1595 lebten in Banz neben dem letzten adligen Mönch elf Konventualen und vier Novizen. Die Mehrzahl dieser 15 Männer kam aus dem Hochstift Würzburg; lediglich der Prior Johann Hünerbein stammte aus dem östlichen Franken, aus Kasendorf. Keiner der Konventualen und Novizen scheint aus dem Hochstift Bamberg gekommen zu sein. Auch daran wird deutlich, daß Abt Burkhard nach Würzburg orientiert war.

Erst 1582 konnte der Abt seinen Konvent in Banz zusammenführen; zuvor hatten die schlechten Raumverhältnisse dies verhindert. Die Mönche in Banz befolgten – wie die in Münsterschwarzach – die Bestimmungen der Bursfelder Union, der sich über 100 Jahre zuvor das Kloster Münsterschwarzach angeschlossen hatte, mit der es aber seit Jahrzehnten keine Verbindung mehr hatte. Die Benediktsregel wurde in Banz seit langem wieder zur Richtschnur des Klosterlebens.

Die Klosteranlage war seit den 60er Jahren stark verfallen. Es sei „zu erbarmen, auch ein rechte Schandt, das in einem so weit berumbten alten Closter nit ein Kirchen und darbei nit ein Thurn, darin das Geleute [...] mögt hangen, sein soll", schrieb Burkhard im März 1578 an den Bamberger Bischof. Ferner fehlte damals noch ein „Schlafhaus" für den Konvent (das Dormitorium).

Seine Baumaßnahmen im Kloster leitete der Abt mit der Wiederherstellung der Klosterkirche ein. Im Sommer 1579 widmete er sich „mit Macht" dieser Aufgabe; mindestens 50, oft bis zu 70 Personen arbeiteten Tag für Tag in Banz. Die Kirche wurde wohl 1580 fertiggestellt; im folgenden Jahr ließ der Abt neue Glocken gießen; 1582 wurden Dormitorium und Refektorium abgeschlossen.

Johann Burkhard verstand es zu wirtschaften; das hatte er bereits als Abt von Münsterschwarzach bewiesen. Eine florierende Wirtschaft sah er wohl als wichtige Voraussetzung für ein geordnetes Klosterleben an. Noch bevor er die Kirche und den Konventsbau wiederherstellte, ließ er mehrere „Hofheußer und Scheuren" sowie die Mühle in Hausen bauen. Er organisierte auch die Banzer Wirtschaftsführung neu. Die Scheidung des Besitzes in Abtei- und Konventsgut oder gar in Einzelpfründen gab es unter ihm nicht mehr; nur der letzte adlige Mönch, Konrad Modschiedler von Görau († 1597), konnte mit Erfolg auf ein eigenes Einkommen pochen. Modschiedler, ein gebürtiger Bamberger, war unter Abt Alexander ins Kloster eingetreten, hatte nach der Absetzung des

Abt Thomas Bach (reg. 1598–1624)

Abtes Truchseß als einziger Konventuale in Banz gelebt und war für Burkhard wertvoll als ein Mann, der bei Streitfragen zuverlässig Auskunft über Rechte des Klosters und dessen Verhältnis zum Hochstift Bamberg geben konnte. Als die Rittergüter Buch und Gleusdorf bald nach Burkhards Wahl dem Kloster heimfielen, wurden sie nicht mehr als adlige Mannlehen ausgegeben, die der Abtei wenig eintrugen, sondern in Klosterämter umgewandelt.

Ins späte 16. Jahrhundert fällt die Gegenreformation in der Umgebung von Banz. Als Johann Burkhard 1575 zum Abt gewählt wurde, lebte seinem Zeugnis zufolge im „Stift" Banz nur ein einziger Katholik. 1583 jedoch vertrieben Vertreter des Würzburger Fürstbischofs den evangelischen Pfarrverweser von Altenbanz – seit der Jahrhundertmitte hatten hier evangelische Seelsorger gewirkt – und ersetzten ihn durch einen Katholiken, den der Abt schützte. Zehn Jahre darauf wurden die banzischen Hintersassen vor die Wahl gestellt, den katholischen Glauben anzunehmen oder fortzuziehen. Die Gegenreformation auf diese Weise zu vollziehen, war das Recht des Landesherrn; der Abt – dessen Bruder Georg (1539–1607) übrigens evangelischer Professor in Tübingen war – hatte würzburgische Beamte geholt und damit deutlich gemacht, wen er als Landesherrn über Banz betrachtete: den Würzburger Bischof. Beim Tod des Abtes Johann Burkhard lebten in der Pfarrei Altenbanz (Herreth nicht mitgerechnet) nur noch fünf Protestanten.

Am 26. Januar 1598 starb Johann Burkhard in Banz, der zuletzt drei Klöstern – neben Münsterschwarzach und Banz seit 1590 St. Stephan in Würzburg – vorgestanden hatte; wie er es sich gewünscht hatte, wurde er in Münsterschwarzach, seinem Profeßkloster, beigesetzt. Banz bewahrte Burkhard ein gutes Andenken; Roppelt sagte von ihm: „überhaupt war seine Regierung so löblich, daß er mit Recht ein zweyter Stifter genannt werden konnte".

Abt Thomas Bach

Nach Burkhards Tod wählte der Banzer Konvent Thomas Bach aus Markelsheim im Taubertal – bis dahin Prior – zum Abt. Bach führte im großen und ganzen das Werk Burkhards fort, war aber offenbar nicht so weltabgewandt wie sein Vorgänger, der von sich gesagt hatte, daß er „mit Layen doeraus ungern rede".

Bach galt als „der Disciplin wol zugethaner Prelat" (wenn er und mehrere Mönche auch gegen ihr Keuschheitsgelübde verstießen); er führte die Gegenreformation zu Ende; er ließ in der Klosterkirche und in der Ägidius-Kapelle neue Altäre aufrichten, eine 72 Zentner schwere Glocke gießen und eine Apostel-Kapelle innerhalb der Klostermauern bauen. Im Banzgau soll er den Hopfenbau eingeführt haben; er erließ Dorfordnungen und Mandate, um allzu hohe Aufwendungen für Feste zu verbieten, und stärkte durch derartige Verfügungen letztlich die klösterliche Wirtschaft. In Notfällen, etwa nach Bränden oder bei Hungersnöten, soll er die banzischen Hintersassen großzügig unterstützt haben. Für arme Schüler in Staffelstein und in Würzburg stiftete er Geldbeträge.

[…] und es ist ein Septembertag aufgegangen, aus den dicken Bäuschen des Morgennebels, ganz aus kaltem Dampf, und golden funkelnd stand droben das Schloß Banz [...].
Eugen Roth, 1942

Unter Abt Bach übernahmen erstmals Banzer Konventualen Pfarreien: P. Konrad Zirkel erhielt 1612 die Pfarrei Ebermannstadt übertragen; P. Nikolaus Wild wurde um dieselbe Zeit in Kärnten als Pfarrer eingesetzt; P. Wolfgang Amandus kam 1616 als Pfarrer nach Marienweiher, nachdem er schon in Baunach als Kaplan gewirkt hatte. Ferner wurde nach Bachs Tod, im Jahr 1626, ein Mönch Pfarrverweser von Altenbanz; bis 1681 versahen Banzer Konventualen diese Pfarrei. Verstärkt wurden Mönche in der Seelsorge verwandt, als ab 1629 der Bamberger Bischof evangelische Geistliche an ritterschaftlichen Orten vertrieb und an ihrer Statt katholische Priester einsetzte. Vier Mitglieder des Banzer Konvents versahen solche restituierten Pfarreien.

Der Dreißigjährige Krieg

Als Thomas Bach 1624 starb, wütete bereits der Dreißigjährige Krieg. Banz und sein Umland freilich hatten von den Kriegsläuften damals noch kaum etwas mitbekommen, sieht man von Truppendurchzügen und damit verbundenen, kurzfristigen Einquartierungen ab.

Erst, als Ende 1631 der schwedische König Gustav Adolf in das Hochstift Würzburg einfiel und im folgenden nicht nur dieses Territorium, sondern auch das Fürstbistum Bamberg unterwarf, kamen auch auf Banz schwere Zeiten zu. Den 1624 gewählten Abt Kaspar Förkel aus Eltmann nahmen die Schweden gefangen; da das geforderte Lösegeld nicht gezahlt wurde, blieb er in Haft, bis er am 12. November 1635 zu Königshofen im Grabfeld starb. Mehrere Konventualen, die nicht in der Seelsorge eingesetzt waren, flohen in Gebiete, die damals vom Kriegsgeschehen nicht oder kaum berührt wurden: einer nach Oberösterreich, andere in die Steiermark und nach Württemberg.

Als der Mönch Georg Heusler im Oktober 1635 nach Banz zurückkehrte, bot sich ihm ein Bild der Verwüstung: Die Klosterkirche hatte keine Fensterscheiben und keine Glocken mehr; kein Getreide fand sich in den Speichern, weder Bier noch Wein im Keller. Es war „auch kein [...] Veldt im ganzen Stiefft Banz besahmet“. Kein Wunder, denn die Dörfer im Banzgau waren entvölkert. Der „mehrer Theil“ der Untertanen war „mit Weib und Kind ehelendlich Hunger gestorben“ oder geflohen; 29 Personen waren von Soldaten erschlagen worden. 70 Wohnhäuser und 84 Städel sollen abgebrannt worden sein.

Das Silber, das nicht geraubt worden war, verkaufte Heusler, den im Januar 1636 die acht in Banz anwesenden Konventualen zum Abt gewählt hatten, für einen geringen Preis, um dafür vier Pflugochsen und ein Pferd sowie Saatgut zu beschaffen.

Der bewegliche Besitz des Klosters – darunter zwölf Glocken, die Orgel, der Ornat, die Bibliothek, Urkunden, das Braugeschirr, Öfen, Uhren, Türschlösser – war zum größten Teil ins Coburgische verschleppt und dort verkauft worden. Mit mäßigem Erfolg bemühten sich Abt und Konvent seit Ende 1634 um die Rückgabe all dieser Gegenstände oder zumindest um Entschädigungszahlungen. Noch Abt Benedikt Lurz kaufte 1728 vom Coburger Bürgermeister 49 „alte, doch kostbahre Bücher“, die dem Kloster während des Dreißigjährigen Krieges entwendet worden waren. Und bis heute hängen in der evangelischen Pfarrkirche von Eisfeld (Thüringen) zwei Glocken, die im 16. Jahrhundert für Banz gegossen worden waren.

Der Krieg dauerte an; wenn nicht schwedische Truppen das Kloster, seine Insassen und die Untertanen bedrängten, dann waren es die Kaiserlichen, die zum Beispiel im Frühjahr 1636 die Bestellung der Felder zu gefährlich machten.

Die banzischen Dörfer waren entvölkert. Hatte das Kloster „bey guten Zeiten“ 332 Hintersassen gehabt, so zählte man 1640 nur mehr 61. In Altenbanz etwa wohnte niemand mehr, in Tiefenroth war die Zahl der Haushalte von 16 auf drei zurückgegangen, in Stetten von 18 auf drei, in Nedensdorf von 32 auf sechs, in Gleusdorf von 31 auf vier.

Am Ende des Krieges lag die klösterliche Wirtschaft danieder; der Konvent war zusammengeschrumpft.

Abt Michael Stürzel (1648–1664) aus Königshofen begann mit dem Wiederaufbau. Johann Baptist Roppelt würdigte seine Tätigkeit 1801 wie folgt: Er „ergänzte alles, was durch die feindliche Wuth im Kloster zerstört war, versah die Kirche mit einem neuen künstlich gearbeiteten Altar und großem silbernen Ciborium, vermehrte die geistliche Gemeinde durch Aufnahme der Jünglinge von bester Hofnung, welche er zu Bamberg in den Wissenschaften, zu Hause aber in der klösterlichen Zucht so gut unterrichten ließ, daß zwey von ihnen nach Kloster Michelsberg berufen wurden, um den Chorgesang allda einzuführen“.

Abt – Diplomat – Bischof: Otto de la Bourde

Nach Stürzels Tod wählten die 20 Priestermönche Otto de la Bourde zum Abt, den Sohn eines adligen Offiziers aus Navarra und einer Bürgerstochter aus Eger, der, 1630 in der Heimatstadt seiner Mutter geboren, 1656 ins Kloster Banz eingetreten war und in Bamberg und Prag studiert hatte.

Von 1672 an stand er als Diplomat in kaiserlichen Diensten; der Wiener Hof soll auf ihn aufmerksam geworden sein, als er kurz nach seiner Wahl dorthin gereist war, um sich die kaiserlichen Privilegien für sein Kloster bestätigen zu lassen. Zunächst vertrat er den Kaiser von 1672 bis 1681 am kursächsischen Hof zu Dresden; während dieser Zeit wurde er mit besonderen, zeitlich begrenzten Aufträgen auch nach Berlin, Hannover, Paderborn und Stettin gesandt. Nach 1681 wurde er wohl vornehmlich innerhalb der habsburgischen Erblande eingesetzt. 1697 übertrug ihm der Kaiser in Anbetracht seiner „ungemeine[n] Verdienste" als Diplomat das Bistum Gurk.

Zwar hatte Otto de la Bourde schon 1677 die Abtswürde niedergelegt, doch blieb er Banz bis an sein Lebensende – er starb am 24. Dezember 1708 – verbunden. Als sein Sekretär und Beichtvater fungierte ein Banzer Konventuale. In der Banzer Gruft ist ein Grabmal für ihn zu sehen, obwohl er in Straßburg (Diözese Gurk) beigesetzt wurde. Mehrfach bedachte Otto de la Bourde in seinen letzten Lebensjahren das Kloster mit großen Zuwendungen; so stiftete er 1701 eine 36 Zentner schwere Glocke. Rund 43 400 Gulden erhielt Banz ab 1702 von ihm – eine ungeheure Summe. (Zum Vergleich: Für den Rohbau des Querflügels zwischen dem Abteigebäude und dem Chor der Kirche erhielt Johann Leonhard Dientzenhofer rund 4 600 Gulden.) Ein Teil des Geldes wurde auf Ottos Wunsch verwandt, um ein Spital „für unvermögliche Klosterdiener" ins Leben zu rufen, das sechs Personen aufnehmen konnte.

Abt Otto de la Bourde (reg. 1664–1677)

Baufreudige Äbte

Durch die Unterstützungen für sein Profeßkloster ermöglichte der Bischof wohl erst die umfangreichen Baumaßnahmen, die 1698 begannen (siehe S. 106 ff.). Denn es erscheint fraglich, ob Banz sie in der bestehenden Form aus eigener Kraft hätte finanzieren können.

Eingeleitet wurde der Neubau des Klosters unter Abt Eucharius Weiner (1634–1701) aus Kissingen. Ihn, der seit 1667 seinem Profeßkloster, der Würzburger Benediktinerabtei St. Stephan, vorstand, hatten die 15 Banzer Patres 1677 zu ihrem Abt gewählt. Weinert war laut Roppelt „ein sehr guter Haushalter, tilgte viele Schulden, stellte die verödeten Weinberge wieder her". In den beiden Klöstern, die er leitete, achtete er auf die strenge Befolgung der Ordensregel; so führte er in Banz „den Chorgesang ein".

Zu seinem Nachfolger wählten die 21 Konventualen Kilian Düring (1641–1720) aus Bamberg, der Otto de la Bourde in Dresden als Sekretär zur Seite gestanden hatte, 1680 – vielleicht in seinem Auftrag – nach Rom gereist war und bis etwa 1700 bei ihm in Gurk gelebt hatte. Auch als Banzer Abt besuchte er ihn noch. Düring hat sich, durch Otto de la Bourde gefördert, vor allem als

Zu Seite 64
Links:
Kenotaph für Otto de la Bourde in der Banzer Gruft
Rechts:
Grabmal für Abt Alexander von Rotenhan, geschaffen um 1700

Links:
Abt Eucharius Weiner (reg. 1677–1701)
Rechts:
Abt Benedikt Lurz (reg. 1720–1731)

Bauherr hervorgetan. Die Abtei und die drei anstoßenden Querflügel sowie die Klosterkirche ließ er erbauen und einrichten. Abt Kilian war der erste, der in der neuangelegten Gruft unter der Kirche begraben wurde. Kilian Dürings Wirken beschränkte sich freilich nicht auf das Bauwesen. So gründete er 1714 in Banz eine Rosenkranzbruderschaft, in deren von 1757 bis 1787 geführten Totenbuch 19000 Mitglieder eingetragen sind.

Ihm folgte als Abt Benedikt Lurz (1674–1731) aus Seßlach nach, der die Innenausstattung der Kirche vollenden sowie das Schloß Buch und den Hof Gnellenroth durch Neubauten ersetzen ließ. Die von seinem Vorgänger ins Leben gerufene Rosenkranzbruderschaft brachte er „in ein bessere Ordnung“.

Chorgestühl im Mönchschor der Banzer Klosterkirche

Das Gestühl fertigte 1749 der Kunstschreiner Johann Georg Neßtfell aus Eichenholz, das er mit Nußbaum furnierte. An den Rückwänden der Plätze finden sich insgesamt 20 Darstellungen aus dem Leben des hl. Benedikt in Einlegearbeit; verwandt wurden dafür verschiedene Hölzer, Elfenbein und Perlmutt. Die Grundlage für die Bilder und die begleitenden lateinischen Texte lieferten die „Dialoge" Papst Gregors des Großen.
Das Gestühl besteht aus 36 Chorstallen; es waren also weit mehr Plätze vorhanden, als für den Banzer Konvent benötigt wurden.

»Man darf Banz wirklich einen Parnaß nennen« – Banz als geistiges Zentrum

1731 wählten die Banzer Konventualen mit knapper Mehrheit den Prior, Gregor Stumm (1693–1768) aus Seßlach, zum Abt. Stumm, der das Kloster 37 Jahre lang führte, tat sich nicht nur als Bauherr hervor – der Konventsbau, der Bibliothekssaal, große Teile des Vorhofes, die Hausener Mühle, der Heinach-Hof wurden unter ihm errichtet –, sondern zeichnete sich vor allem durch die Pflege und Förderung des geistigen Lebens in Banz aus. Er begründete den Ruf der Abtei als eines geistigen Zentrums. Wenn 1792 der Erlanger Professor Friedrich Carl Gottlob Hirsching über Banz bemerkte, man werde „nicht leicht [...] ein Closter finden, wo die Wissenschaften in größerm Flor stehen, als hier", dann war dies in erster Linie das Verdienst des Abtes Gregor Stumm. Beeinflußt war der Abt vielleicht von den Ideen der Mauriner, einer 1621 gegründeten Reformkongregation, der fast alle französischen Benediktinerklöster angehörten. In eifriger wissenschaftlicher Arbeit, namentlich in historischen Studien, sahen sie den besten Weg, die religiöse Disziplin zu stärken.

Über Abt Stumm berichtete Hirsching, gestützt auf Angaben des Banzer Priors: „Eine seiner ersten und vornehmsten Absichten war, den Wissenschaften in seinem Closter auf alle nur mögliche Art aufzuhelfen. Daher sah er bei Aufnahme der Candidaten auf fähige Köpfe und nicht aufs Vermögen, wie es in sehr vielen Clöstern Mode ist. Er schickte sie nachher auf hohe Schulen, um sich da auszubilden; er führte die neue herrliche Bibliothek von Grund aus auf, sparte keine Kosten, sie mit den besten Werken aus allen gelehrten Fächern zu veredlen; verschafte seinen Untergebenen Zeit, und durch Ermunterung und Belohnung Lust und Liebe zum studieren. Es wurden gelehrte Zeitungen aus Teutschland und Italien gehalten, lebendige und todte Sprachen erlernt, öftere öffentliche Prüfungen angestellt, denen er immer mit sichtbarem Vergnügen beiwohnte." Um einer einheitlichen Ausbildung der Konventualen willen mußte jeder, der ins Kloster eintrat, einen siebenjährigen Kurs in Philosophie (2 Jahre), Theologie (3 Jahre), weltlichem und kanonischem Recht (2 Jahre) absolvieren, selbst wenn er bereits an einer Universität studiert hatte.

Der Abt selbst legte eine Münzsammlung an; Gallus Winckelmann (1695–1757) aus Würzburg, der zusammen mit ihm ins Kloster eingetreten war, richtete auf sein Betreiben ein Naturalienkabinett ein.

Gregor Stumms Saat ging unter seinem Nachfolger auf, unter Abt Valerius Molitor (1728–1792) aus Kronach. Über seine Amtszeit heißt es in einem Nachruf, „der Fleiß und der Ruhm der gelehrten Bewohner dieses Klosters" hätten sich so vermehrt, „daß häufig auswärtige Höfe und Schulen Prediger und Lehrer von Banz verlangten". Abt Molitor selbst galt als Fachmann in der Urkundenlehre und der Numismatik; daher „richtete er das Archiv selbst ein, ordnete das von ihm beträchtlich vermehrte Münzcabinet, und verfaßte über beide lehrreiche Register". Aber auch die Bibliothek, die 1760 schon knapp 15000 Bände umfaßt hatte, wurde erweitert; 1800 standen bereits 18000 bis 19000 Bücher in den Regalen. Hinzu kamen noch „sehr schöne Privatbibliotheken" (Baader) des Abtes und der meisten Konventualen; die Bücher erwarben sie mit dem Ertrag aus ihrer schriftstellerischen Tätigkeit. Das Naturalienkabinett wuchs unter der Leitung von P. Johann Baptist Roppelt und besonders unter P. Dionysius Linder zu einer der bedeutendsten Sammlungen dieser Art in Franken.

Besucher des Klosters, darunter vielfach Protestanten, waren von den wissenschaftlichen Fähigkeiten und Leistungen der Banzer Mönche begeistert. Der Berliner Buchhändler und namhafte Aufklärer Friedrich Nicolai, der dem Katholizismus überaus kritisch gegenüberstand, urteilte 1783 nach einem Besuch: „Wir sahen noch eine gute Weile nach den Thürmen von Banz zurück, und es kreuzten sich in mir viele Gedanken über das Mönchsleben. Wenn man es von der vorteilhaftesten Seite ansehen will, so muß man es zu Banz sehen." Der Altdorfer Professor Georg Andreas Will stellte die wissenschaftlichen Verdienste von Banz mit denen von St. Blasien im Schwarzwald, von St. Emmeram in Regensburg, sogar mit denen der Mauriner auf eine Stufe. Klement Alois Baader, Konsistorialrat in Salzburg, schwärmte 1797, als er Banz gesehen hatte: „Man darf das auf einem hohen Berge liegende Kloster Banz wirklich einen Parnaß nennen." (Der Parnaß war in der griechischen Mythologie der Berg der Musen.) „Dieses Kloster hatte allemal große Gelehrte aufzuweisen, aber ohne Zweifel nie in der Menge, wie dermalen, da das Convent fast aus lauter Gelehrten verschiedner Fächer besteht." Der bayerische Major Karl Roger von Ribaupierre, der im Frühjahr 1802 nach Banz kam, berichtete dem Minister Montgelas, er habe

„unter der Mönchskleidung lauter Männer" gefunden, „wie solche sehr selten in der gebildetsten Welt zusammentreffen". Der Nürnberger Verleger Johann Leonhard Sixtus Lechner schließlich titulierte Banz 1803, unmittelbar vor der Auflösung des Klosters, als fruchtbare „Mutter so vieler aufgeklärten und achtungswürdigen Gelehrten". Diese Urteile von Besuchern werden bestätigt, wenn man die wissenschaftlichen Leistungen der Konventualen von Banz im späten 18. Jahrhundert betrachtet.

Gelehrte Mönche

Unter den Wählern Gregor Stumms war nur ein namhafter Gelehrter gewesen, der Theologe Ignatius Cimarolo-Brentano (1673–1750) aus Bamberg. Von den 37 Mönchen, die jener Abt aufnahm, machten sich allein fünf einen Namen als Theologen und Philosophen.

Dominikus Schramm (1723–1797) aus Bamberg verfaßte mehrere umfangreiche Lehrbücher, so zur Dogmatik, zur Scholastik, zur Moraltheologie, zum Kirchenrecht, zur Mystik; die Beschlüsse sämtlicher Konzilien und die Schriften der Kirchenväter und -lehrer gab er neu heraus. Schon bald nach Erscheinen wurden seine Werke über die katholische Dogmatik und Moral als Grundlage für Vorlesungen an den Universitäten Ingolstadt und Erfurt herangezogen. Sein Werk über die Mystik wurde noch 1868 in Paris aufgelegt. Schramm gilt als einer der bedeutendsten Theologen des ganzen Benediktinerordens in der zweiten Hälfte des 18. Jahrhunderts.

Columban Rösser (1736–1780) aus Stockheim wurde 1773 als Professor für Logik und Metaphysik an die Universität Würzburg berufen, wo er ein Jahr später den philosophischen Doktorgrad erwarb und nach siebenjähriger Lehrtätigkeit starb. Während seiner Würzburger Zeit veröffentlichte Rösser eine Reihe von Lehrbüchern zu den von ihm vertretenen Fachgebieten, nachdem er schon in Banz für die jungen Mönche eine philosophische und mathematische Enzyklopädie zusammengestellt hatte. Mit ihm habe das Kloster „eine große Zierde" verloren, meinte Hirsching, denn Rösser habe stets gezeigt, „daß er die besten philosophischen Schriften mit Scharfsinn gelesen hatte, und daß er sie auf eine Art zu benutzen wußte, die für seine Zuhörer eben so lehrreich als angenehm seyn mußte".

Gregor Herzog (1743–1784), der Sohn eines fürstbischöflichen Hofrats in Bamberg, gewann 1780 den Preis der Münchner Predigergesellschaft; seine Predigt wurde höher eingestuft als die des berühmten Ingolstadter Professors Johann Michael Sailer, des späteren Bischofs von Regensburg. Neben mehreren Predigten, die im Druck erschienen, hat Herzog ein moraltheologisches Werk verfaßt.

Abt Gregor Stumm (reg. 1731–1768)

Ferner übertrug Joseph Bauer (1745–1803) die Bücher Jesus Sirach und Tobias ins Deutsche. Der Novizenmeister (und spätere Prior) Burkhard Vollert (1741–1808) übersetzte Schriften der französischen Theologen Isaac LeMaistre de Sacy und Laurent Stephan Rondet; das Geld, das er durch seine literarischen Arbeiten verdiente, verwandte er für Arme.

Unter den Mönchen, die in der Regierungszeit des Abtes Molitor eintraten, machte sich besonders Ildephons Schwarz (1752–1794), der einzige Sohn eines fürstbischöflichen Leibarztes zu Bamberg, einen Namen. Schwarz, der im Kloster Philosophie und Theologie lehrte und die Bibliothek leitete, schlug Berufungen an Universitäten und an den herzoglichen Hof zu Stuttgart aus. Besonders durch sein „Handbuch der christlichen Religion" profilierte er sich als Theologe. In diesem dreibändigen Werk, das vier Auflagen erlebte, setzte sich Schwarz auch mit der Kantschen Philosophie auseinander, die er „für eines der größten Erzeugnisse des menschlichen Geistes" hielt. „Harmonie und schwesterliche Eintracht zwischen Bibel und Vernunft zu stiften", sei sein oberstes Anliegen gewesen, berichtete sein Schüler Othmar Frank. Beachtung fand auch Schwarz' Bücherkunde für Seelsorgegeistliche, die Jahre nach dem Tod des Verfassers ein anderer seiner Schüler, Johann Baptist (Roman) Schad, herausbrachte.

Weiterhin verfaßte Beda Ludwig (1750–1796) aus Würzburg Auslegungen zum Propheten Habakuk und zum 109. Psalm. Ein Gebetbuch stellte Aemilian Graser (1756–1795) zusammen. Ferner tat sich Roman Schad (1758–1834) aus Mürsbach durch theologische Veröffentlichungen derart hervor, daß der Herzog von Württemberg ihn 1789 zum Hofprediger berufen wollte. Gemeinsam mit P. Vollert übertrug er von 1787 an die Erläuterungen zur – von Rom abgelehnten – französischen Bibelübersetzung des Jansenisten Isaac LeMaistre de Sacy (1613–1684). Nach einigen gemeinsam bearbeiteten Bänden übernahm Vollert die das Alte, Schad die das Neue Testament betreffenden Bände. Schad ging anders vor als Vollert. Dieser übertrug Sacys Text wörtlich, Schad überarbeitete, kürzte und ergänzte ihn nach eigenen Vorstellungen. 1788 erarbeitete Schad eine kritische Neuausgabe der von dem Jesuiten Matthäus Vogel (1695–1766) zusammengestellten Sammlung von Heiligenlegenden – erstmals 1764 in Bamberg erschienen –; nach seinen eigenen Worten ließ Schad jede Legende weg, „die im ganzen oder in den meisten Umständen auch nur zweifelhaft wäre oder die kein Muster der Nachahmung sein könnte oder die endlich gar auf Aberglauben führte".

Über Othmar Frank (1770–1840) urteilten 1800 evangelische Besucher der Abtei, er verbinde „mit so jugendlichen Jahren so tiefe gründliche Kenntnisse". Veröffentlicht hatte er zu diesem Zeitpunkt freilich nur eine Biographie seines Lehrers Ildephons Schwarz sowie die Übersetzung der Predigten des

Abt Valerius Molitor (reg. 1768–1792)

zeitgenössischen englischen Priesters James Archer, eines katholischen Missionars in London. Der Bamberger Fürstbischof, der Frank als Erzieher seines Neffen (seit 1800) kannte, berief ihn 1802 zum Professor für Philosophie an die Universität Bamberg.

Theologie und Philosophie waren nicht die einzigen Disziplinen, in denen Banzer Mönche glänzten. Als Historiker zeichnete sich Placidus Sprenger (1735–1806) aus, der die hochmittelalterliche Geschichte seines Klosters und die Frühzeit des Bamberger Buchdrucks erforschte. Außerdem gab der gebürtige Würzburger gelehrte Zeitschriften heraus. Nicolai erschien er als „ein ernsthafter, etwas in sich verschlossener

Johann Baptist Roppelt mit einer Karte des Banzgaus

Mann, in vielen Wissenschaften wohlbewandert, und gewiß ein denkender Kopf". Und der Bamberger Bibliothekar Jäck urteilte 1814: „Der Ruf der Gelehrsamkeit seines Klosters ging vorzüglich von ihm aus, und wurde durch ihn auch besonders erhalten."

Ein bio-bibliographisches „Pantheon berühmter deutscher Dichter" erarbeitete der aus Bamberg stammende Wolfgang Lorenzer (1761–1819), der vorletzte klösterliche Bibliothekar.

Doch auch in naturwissenschaftlichen Disziplinen betätigten sich Banzer Konventualen. Johann Baptist Roppelt (1744–1814), der Sohn eines Bamberger Architekten und Hofkriegsrates, verfaßte Einführungen in die Mathematik und Anleitungen, wie Güterverzeichnisse anzulegen seien. Er beschränkte sich jedoch nicht auf die Theorie. Er vermaß und beschrieb Besitzungen des Klosters derart genau, daß Nicolai notierte: „Wenn diese Arbeit einmal fertig seyn wird, so wird sich kein Land, Stadt, Kloster oder Gemeinheit, eines solchen Lagerbuches rühmen können, als das Kloster Banz." Ferner entwarf Roppelt Baupläne, nahm bestehende Bauten auf, zeichnete zahlreiche Ansichten von Banz und anderen Klöstern, veröffentlichte eine „Historisch-topographische Beschreibung" des Hochstifts Bamberg, porträtierte seine Mitbrüder in Form von Scherenschnitten. Von 1794 an lehrte er als Professor für Mathematik an der Universität Bamberg. Klement Alois Baader schrieb 1797 über ihn: „Er hat vorzügliche Kenntnisse in der theoretischen und praktischen Mathematik, Historie, Naturgeschichte, Mechanik, Zeichenkunst u.s.w. [...] In seinem kleinen Körper wohnt ein großer Geist. Nebst seinem guten Kopfe besitzt er ein sanftes Gefühl, und eine so gute Laune, daß er der beste Gesellschafter ist."

Cölestin Stöhr (1766–1836), ein Arztsohn aus Kronach, brachte unter Verwertung des väterlichen Nachlasses medizinische Schriften heraus, denen allerdings der Erfolg versagt blieb: „Phänomene und Sympathie in der Natur" (1795) und „Neues Kunst- und Wunderbuch der Natur" (1798). Nach der Säkularisation des Klosters veröffentlichte er auch historische Arbeiten, so eine gemeinsam mit seinem Bruder, einem ehemaligen Franziskaner, verfaßte Stadtgeschichte von Kronach.

Dionysius Linder (1762–1838) publizierte zwar fast nichts, betreute aber mit großem Engagement das Naturalienkabinett. „Ich erlaubte mir nicht eine Schale Kaffee, um den letzten Pfennig darauf zu verwenden", erzählte er 1802 einem Besucher. Mehr Praktiker war auch Maurus Hoch (1741–1800), über den Hirsching notierte: „hat im physikalischen Fache schätzbare Kenntnisse und verfertigt gute Barometer, Thermometer, Hygrometer, Electrophore u.s.w.".

Neben den Büchern, die mehrere Banzer Konventualen veröffentlichten, trugen Zeitschriften zum guten Ruf bei, den die Abtei in der gelehrten Welt genoß. Drei Zeitschriften sind nacheinander von Banz ausgegangen: „Die fränkischen Zuschauer bei gegenwärtigen besseren Aussichten für die Wissenschaften und das Schulwesen im Vaterland" 1772/73, „Literatur des katholischen Deutschlands", erschienen von 1775 bis 1792, „Literarisches Magazin für Katholiken und deren Freunde", erschienen von 1792 bis 1798. Gedruckt und verlegt wurden diese Zeitschriften – wie viele der genannten Bücher – von einem Protestanten in Coburg.

Bis 1796 redigierte sie Placidus Sprenger, dann übernahm diese Aufgabe Columban Flieger (1754–1815). Trotz kleiner Auflage – 1777 lag sie bei 500 Exemplaren – genossen die Banzer Zeitschriften Beachtung und Ansehen in der wissenschaftlichen Welt, zumal es – wenigstens anfänglich – auf katholischer Seite wenig Vergleichbares gab. Die Aufsätze, die in ihnen erschienen, befaßten sich in erster Linie mit Fragen der Seelsorge und des Bildungswesens; daneben wurden theologische, philosophische und historische Themen abgehandelt. Hinzu kamen „Nachrichten von Akademien, Universitäten, gelehrten Gesellschaften, Gymnasien, Klöstern und Schulen". Das Gros der Artikel machten freilich die umfangreichen Besprechungen theologischer und philosophischer, gelegentlich auch literarischer und naturkundlicher Werke aus.

Die Haltung der Zeitschriften läßt sich nach Wilhelm Forster wie folgt umreißen: Sie stellten sich gegen die scholastische Methode, „die im 17. und beginnenden 18. Jahrhundert zu einem lebensfernen Formalismus erstarrt war", und mit der schon Dominikus Schramm gebrochen hatte, und gegen ihre Hauptvertreter, die Jesuiten. Gegenüber neuen geistigen Strömungen in Philosophie und Theologie waren sie aufgeschlossen; die Suche der Mauriner, der Jansenisten, der deutschen Protestanten nach neuen Methoden in den theologischen Wissenschaften begrüßten sie. Sie „glaubte[n] die kritische Philosophie Kants mit dem katholischen Glauben vereinbaren zu können, trat[en] für Toleranz und die Wiedervereinigung der Konfessionen ein, machte[n] sich stark für liturgische Reformen".

Mitarbeiter der Zeitschriften waren namhafte katholische Gelehrte, so Sprengers Freund Franz Oberthür, Professor für Dogmatik in Würzburg. Auch protestantische Wissenschaftler konnten Aufsätze beisteuern, wie dies z. B. der mit Sprenger befreundete Rektor des Coburger Gymnasiums tat; er verfaßte die erste Rezension, die in der Banzer Zeitschrift erschien. Die Autoren saßen keineswegs nur in Franken; auch aus Bonn, aus Regensburg, aus Fulda, aus Heidelberg, aus dem preußischen Königsberg kamen Rezensionen für die Zeitschriften. Den Großteil der Beiträge lieferten freilich Banzer Mönche; viele Buchkritiken schrieb Sprenger selbst.

Das wissenschaftliche Gewicht des Banzer Konvents – er umfaßte in der zweiten Hälfte des 18. Jahrhunderts knapp über 20 Mönche – wird noch deutlicher, wenn man die Benediktinerabtei anderen fränkischen Klöstern gegenüberstellt. Die Zisterze Langheim etwa, der um 1800 rund 60 Mönche angehörten, brachte im 18. Jahrhundert außer einigen Gelegenheitsschriften nichts hervor. Während in Banz zwischen 1750 und 1803 rund 30 Konventualen nachzuweisen sind, die Bücher oder Artikel in Zeitschriften veröffentlicht haben, gab es in keiner anderen fränkischen Benediktinerabtei auch nur zehn Mönche, die als Autoren hervortraten. Die „Literatur des katholischen Deutschlands" stand in der fränkischen Klosterlandschaft ohnedies einzig da.

Obendrein erbrachten die Banzer Mönche nicht nur in einem Bereich bemerkenswerte Leistungen. Mehrseitig interessierte und begabte Männer waren im Banzer Konvent nicht selten. Der Jurist Benedikt Martin verfaßte auch einen Aufsatz, wie Überschwemmungen im Itzgrund zu verhindern seien; der Theologe Schramm und der Mathematiker und Geograph Roppelt leiteten nacheinander das Naturalienkabinett; Roppelt sammelte auch Münzen. Der Historiker Sprenger legte eine Sammlung von Hölzern an, kümmerte sich um die Gartenanlage am Abhang des Banzberges und kannte 1800 das Gesetz von der Erhaltung der Masse, das erst 1770 von Lavoisier entdeckt worden war. Mehrere Mönche versuchten sich in der Dichtkunst, so Sprenger, Schad, Cantor und der Abt Otto Roppelt. Schad komponierte auch; 1796 veröffentlichte er ein Trauerlied auf König Ludwig XVI. von Frankreich. Wie eine Reihe anderer Mönche galt er als guter Instrumentalist (siehe S. 184). Und es darf nicht übersehen werden, daß mehrere der Mönche, die durch wissenschaftliche Leistungen bekannt sind, in der klösterlichen Verwaltung eingesetzt waren. Roppelt etwa war seit 1782 Küchen- und Kellermeister und hatte dazu das klösterliche Bauwesen zu beaufsichtigen; Martin war Kellermeister und lehrte kanonisches Recht, ab 1798 leitete er dann das Amt Gleusdorf; Sprenger fungierte lange als Prior; Bauer war Inspektor der Stiftsapotheke.

Zwist im Konvent

Mit hoher Bildung und wissenschaftlichem Renomee gingen im Banzer Konvent freilich auch oft Eigenwilligkeit und Streitsucht einher. So prallten die unterschiedlichsten Vorstellungen über das Mönchtum aufeinander. Einen Streitpunkt bildeten die über den Tag verteilten Gottesdienste.

Der Tag eines Mönches, der kein Amt in der klösterlichen Wirtschaft ausübte, lief im späten 18. Jahrhundert wie folgt ab: „In Banz wurde täglich um halb vier Uhr morgens zur Mette geweckt; an den hohen Festtagen schon um drei Viertel auf drei. Die Mette dauerte gewöhnlich bis ein Viertel auf sechs

Majestätisch sieht man zu Banz in schwülen Sommertagen die Donnerwetter von West heraufziehen. Sie weilen manchmal lange auf dem belaubten Rücken der Steglitz, bis ein Sturmwind die mit Feuer geschwängerten Wolken fürchterlich über das Kloster beytreibt [...]. *P. Placidus Sprenger, 1803*

Uhr; an Festtagen bis halb sechs. [...] Um sechs Uhr ging es wieder in den Chor, wo die Prim und die Terz gebetet oder gesungen wurde. Dieses dauerte bis halb oder auch drei Viertel auf sieben Uhr. Da es nun in der katholischen Kirche zur Gewohnheit gemacht worden ist, daß jeder Priester täglich Messe liest [...], so wurde in den Klöstern das tägliche Messelesen um so mehr als Pflicht angesehen [...]. Diejenigen Mönche nun zu Banz, die Priester waren und die Frühzeit gern zum Studieren verwenden wollten, lasen sogleich nach vollendeter Prim und Terz Messe. Aber diese nahm, wenn man die vorgeschriebene Vorbereitung, wozu nicht selten die Beichte als nötig erachtet wurde, und die Andachtsübung nach derselben dazurechnet, wieder eine Stunde weg [...]. Um drei Viertel auf neun Uhr wurde schon wieder durch die Glocke das Zeichen zum Chor gegeben, weil nun die Sexte zu singen, dann das Hochamt zu halten und endlich durch das Absingen der None der Gottesdienst für den Vormittag zu schließen war, welches an gewöhnlichen Tagen gegen zehn Uhr geschah, an Festtagen aber noch eine halbe Stunde länger dauerte." Gegen 10.30 Uhr wurden die Konventualen „zum gemeinschaftlichen Speisetische" gerufen. „Der Mittagstisch dauerte an den gemeinen Tagen [...] eine Stunde. Nach dem Tische kam man im Sommer an heiteren Tagen im Garten zusammen, wo der Prior eine politische Zeitung lesen ließ oder wo man sich bis gegen halb ein Uhr unterredete. Im Winter oder bei schlechtem Wetter kam man in einem zur gemeinschaftlichen Unterhaltung bestimmten Zimmer, wo auch ein Billard war, zusammen." (Es handelte sich dabei um den Raum zwischen Kaisersaal und Fürstenzimmer.) „Bei günstiger Witterung, sowohl im Sommer als im Winter, ging man jede Woche drei- bis viermal spazieren, aber gemeinschaftlich, Paar und Paar, wie in einer Prozession, nach Ordnung des Ranges. Der Prior machte den Schluß der frommen Herde. Nach der Zurückkunft wurde ein Vespertrunk gegeben [...]. Aber mitten unter munteren Scherzen und Zechen tönte die fatale Chorglocke wieder zur Vesper, die an gemeinen Tagen bis halb vier Uhr, an Festtagen aber, die mit Musikvespern gefeiert wurden, noch viel länger dauerte. Um vier Uhr wurde durch ein Glöckchen ein Zeichen zum heiligen Stillschweigen gegeben, wo jeder in seine Zelle gehen mußte. Das Zeichen zum Stillschweigen wurde zu dem Ende gegeben, daß keiner den anderen durch Geräusch oder Geschwätz im Studieren hindern sollte. [...] Das tiefe Stillschweigen wurde schon um fünf Uhr durch das Eßglöckchen aufgehoben." Nach dem Abendessen, „um drei Viertel auf sieben, mußte man noch einmal in die Kirche wallen, um die Komplette zu singen, die, mit der Lesung eines geistlichen Buches und mit der Gewissenserforschung begleitet, bis drei Viertel auf acht Uhr dauerte, wo die Mönche, von dem Prior mit Weihwasser eingesegnet, in ihre Zellen gehen mußten, um sich schlafen zu legen." Mehrere Mönche sollen jedoch „einen großen Teil der Nacht zum Studieren" genutzt haben.

Diese Beschreibung des Klosteralltags, die in einigen Einzelheiten auch durch andere Quellen bestätigt wird, ist der Autobiographie Roman Schads entnommen. Er war einer der Mönche, die heftig gegen die Beibehaltung der regelgemäßen Tageseinteilung ankämpften; seiner Meinung nach behinderte das Chorgebet nur die wissenschaftliche Arbeit. Ihren Niederschlag fand seine Abscheu gegen den benediktinischen Geist in einer beißenden Satire auf das Klosterleben, die er anonym drucken ließ und die offenkundig auf Banz zielte: „Leben und Schicksale des ehrwürdigen Vaters Sincerus". Kurz nach ihrer Drucklegung floh er aus dem Kloster – für ihn eine „Mönchshölle" –, nahm nach einiger Zeit den evangelischen Glauben an, studierte Philosophie in Jena, wurde hier zum Doktor promoviert und lehrte als Privatdozent; 1804 wurde er, von Goethe empfohlen, als Professor an die Universität Charkov (Ukraine) berufen.

Ein älterer Mitstreiter Schads war Benedikt Martin (1736–1820), in Eggenbach geboren und in Bamberg aufgewachsen, der 1787 in einer Mainzer Zeitschrift eine scharfe Attacke gegen das Mönchtum schlechthin ritt. Der derzeitige Mönchsstand sei „ein von allem erhabenen Endzwecke entwichener, aller schicklichen Mittel loser, mit sich in unendliche Widersprüche verwickelter, allen Verhältnissen zum Guten in Kirche und Staat entgegengesetzter, mit Kinderpossen und Tändeleien angefüllter Unstand". Die Klausur etwa sei nichts als eine „entehrende Einsperrung", die Gehorsamspflicht der Mönche werde „vom äbtlichen Despotismus mißbraucht". Schad, Martin und weiteren Mönchen, die das Klosterleben im aufklärerischen Geist umgestalten wollten, stand eine Reihe von Konventualen gegenüber, die vehement für die Beibehaltung des in der Benediktsregel festgelegten Tagesablaufes eintraten, an ihrer Spitze Placidus Sprenger und Johann Baptist Roppelt. Freilich war die Grenzlinie zwischen den beiden Parteien nicht eindeutig. Schwarz etwa beharrte zwar auf der Beachtung der Ordensregel und arbeitete eng mit Sprenger zusammen, nichtsdestoweniger verehrte ihn Schad als „scharfsinnigen Gelehrten, und guten Menschen". Bauer hingegen gehörte zu den „Reformern", dennoch verspottete ihn Schad.

Abt Otto Roppelt (reg. 1792–1800)

Einen ersten Höhepunkt erreichten die Auseinandersetzungen unter Abt Molitor, der auf der Seite der „Orthodoxen" stand und der – dem Konventualen Ildephons Schatt (1774–1829) zufolge – zwar „ein Abt von wahrhaft fürstlichem Ansehen, von hohem Geiste, seltener Energie, und voll Interesse für den Flor seiner Abtey, aber auch von sehr fühlbarem Rigorismus gegen seine Konventualen" war.

Nach seinem Tod am 1. Mai 1792 setzten die „Reformer" eine Wahlkapitulation durch, die die Genehmigung der geistlichen Regierung in Würzburg erhielt und die der nächste Abt anzuerkennen hatte. Demnach durfte der Abt nicht mehr uneingeschränkt klösterliche Ämter besetzen; die Mönche erlangten ein Mitspracherecht bei Geldangelegenheiten und bei der Aufnahme von Novizen, kurz: das Gewicht des Konvents wurde gestärkt.

Bei der Abtswahl setzte sich der 48jährige Otto Roppelt aus Bamberg gegen den Kandidaten der „orthodoxen" Partei, Ildephons Schwarz, durch. Abt Roppelt – ein Cousin des Johann Baptist Roppelt – hatte bis 1790 die klösterliche Kanzlei geleitet und dann als Professor beider Rechte die jungen Mönche unterrichtet. Er war, so Schatt, ein „äußerst liebenswürdiger Mann von überfließender Herzensgüte [...], aber schon von Natur aus schüchtern und durch wiederholte Gichtanfälle gelähmt". Er „wollte Allen Alles seyn, und verdarb es, eben dadurch mit sehr vielen. Das Mißvergnügen wuchs bald wie Unkraut unter dem Waizen". Die Wahlkapitulation, die für Schatt als „Damm gegen willkürliche Alleinherrschaft" sinnvoll war, wurde unter „dem gutmüthigen und weniger selbständigen Abten Otto [...] eine Quelle der Verwirrung". Erst ab 1798 beruhigte sich die Lage, nachdem die beiden führenden „Reformer" sich nicht mehr im Kloster aufhielten. Schad floh aus Banz, Martin wurde als Amtmann nach Gleusdorf versetzt.

Zur inneren Unruhe kamen äußere Bedrängnisse. Als die Franzosen 1796 in die fränkischen Hochstifte einmarschierten, nahmen sie den Abt, der im Gegensatz zu einigen Mönchen das Kloster nicht verlassen hatte, als Geisel und brachten ihn nach Bamberg. Angesehene Personen und eine Zahlung bewirkten aber bald seine Freilassung. 1800 fielen die Franzosen wieder in Franken ein. Diesmal floh der Abt nach Neustadt bei Coburg; auf der Heimreise starb er in Coburg.

Da die Franzosen Banz noch besetzt hielten, konnte der Konvent erst nach einem halben Jahr einen Nachfolger bestimmen. Es zeugt von der Zerstrittenheit innerhalb des Konvents, daß vier Wahlgänge erforderlich waren. Erst dann fiel die Entscheidung auf den Kellermeister Gallus Dennerlein, einen fast 60jährigen Lehrerssohn, geboren in Gunzendorf und aufgewachsen im benachbarten Buttenheim. Er habe, berichtet sein Biograph Schatt, den Zwist unter seinen Mönchen gestillt, da er den rechten Mittelweg zwischen der allzu großen Strenge eines Valerius Molitor und der allzu weit reichenden Gutmütigkeit eines Otto Roppelt gefunden habe.

Gäste im Kloster

Vom Zwist innerhalb des Konvents spürten freilich die gelehrten Besucher der Abtei kaum etwas; wenigstens erwähnte

Zu Seite 78/79
Dann besahen wir die schöne Kirche und den Begräbnisort der Conventualen unter derselben. Dieß ist ein vortreffliches und helles Gewölbe, so lang als die Kirche selbst. Die Gräber sind in die Höhe gemauert und haben die Gestalt der Backöfen. Gleich nach seiner Wahl wird der Prälat von dem Convente hierher geführt, um sich einen Platz zu seinem Begräbnis zu wählen, und sich durch die Erinnerung an seine Sterblichkeit der erhaltenen Würde nicht zu überheben. *Georg Andreas Will, 1785*

keiner, der seine Eindrücke vom Kloster veröffentlichte, den Unfrieden unter den Mönchen.

Besucher kamen im späten 18. Jahrhundert zuhauf nach Banz. Die Bewirtung vornehmer Gäste kostete das Kloster damals – so Sprenger – „fast so viel als die Unterhaltung des gesamten Convents“. Und die Reisebeschreibungen sind denn auch des Lobes voll über die Gastfreundschaft, ausgenommen nur der Bericht Wilhelm Heinrich Wackenroders. Er, der im August 1793 als Erlangener Student nach Banz kam, empfand den Empfang als „äußerst ungastfrei“. „Ob die Klöster nur Bekannte und nur vornehme Reisende bewirten, welches sehr schlecht wäre, oder ob sie zu sehr von Reisenden, besonders Studenten überlaufen werden, weiß ich nicht“, setzte er erklärend hinzu.

Häufig versammelten sich an der Abtstafel ebenso illustre wie uneinheitliche Runden. Der Altdorfer Professor Georg Andreas Will wurde dort gemeinsam mit einem Arzt aus Leipzig, dem evangelischen Pfarrer von Scherneck, einem Kapuziner aus Lothringen, „etlichen Frauenzimmern und einigen anderen Personen“ bewirtet.

Welche Besucher in Banz gern und welche weniger gern gesehen waren, erläuterte Placidus Sprenger unmittelbar vor der Säkularisation so: „Den meisten Anspruch auf die Gastfreyheit, nach den Armen, haben die Anverwandte der Religiosen, was aber auch von ihnen nicht darf übertrieben werden; gute Freunde, die oftmals mehr werth sind als Blutsverwandte; Geistliche, besonders vaterländische und nützlich reisende; Gelehrte, in deren Umgange der einsame Klosterbewohner Erholung und Nahrung des Geistes finden kann; gute Nachbarn, die zum gesellschaftlichen Vergnügen beytragen; Künstler, die nicht blos des Gewinns halber herumziehen u.s.w. Ausgeschlossen davon sollen seyn alle schadenfrohe Ausspäher und Verläumder, Religions- und Mönchenhasser, Sittenverderber beyderley Geschlechts, falsche Freunde, Speichellecker, naseweise Schwätzer, ungezogene Studenten u.s.w.“. (Vielleicht rechnete Sprenger Wackenroder zur letzten Gruppe; jedenfalls begegnete er ihm mit Mißtrauen.)

Einer der bekanntesten Besucher von Banz war Friedrich Nicolai aus Berlin, dessen Reisebericht der Ruf des Klosters als eines geistigen Zentrums festigte und verbreitete; durch Nicolai sei „unser Klosterstift, absonderlich im protestantischen Deutschland [...] bekannt“ geworden, meinte Sprenger, „und viele Gelehrte und Vornehme wurden dadurch gereizt, es [...] mit eignen Augen zu sehen“. Berühmte Gäste

Abt Gallus Dennerlein (reg. 1801–1803)

waren weiterhin Herzog Karl Eugen von Württemberg und – als Kind – Charlotte von Kalb (1761–1843).

Die Gründe, nach Banz zu kommen, waren höchst unterschiedlich. Der Gelehrte, der mit den bekannten Konventualen zusammentreffen wollte, besuchte Banz ebenso wie die arme Adlige aus der Umgebung, die Schad zufolge „öfters ins Kloster“ kam, „um sich an der Abteytafel einen guten Tag zu machen“.

obiit
Sacerdos
R.I.P.

Kloster – Schloß – Missionszentrum Banz von 1803 bis 1978

Die Säkularisation des Klosters

Eine evangelische Reisegesellschaft aus Neustadt bei Coburg, die sich 1800 für einige Tage in Banz aufhielt, äußerte auf der Heimreise den Wunsch, „daß keine Secularisation diesen Sitz so vieler würdigen und vortrefflichen Menschen treffen möge“. Doch dieser Wunsch ging nicht in Erfüllung; die Furcht vor einer Aufhebung des Klosters, die darin mitschwang, erwies sich als berechtigt.

Als am 28. November 1802 das bayerische Wappen an den öffentlichen Gebäuden Bambergs angeschlagen wurde und tags darauf der letzte Fürstbischof seine weltliche Regierung niederlegte, hatte das Hochstift zu bestehen aufgehört. Um dieselbe Zeit wurde auch das Fürstbistum Würzburg dem Kurfürstentum Bayern einverleibt. Der Kurfürst vollzog damit, was er 1801/02 mit Napoleon vereinbart hatte: die Säkularisation der geistlichen Fürstentümer Frankens.

Banz unterstand nunmehr der Herrschaft des Kurfürsten Maximilian Joseph (seit 1806 König). Schon am 30. November 1802 kam ein Beauftragter des kurfürstlichen Landesgeneralkommissariats nach Banz. Er ließ Abt, Konvent und die Bediensteten des Klosters einen Treueeid auf ihren neuen Landesherrn schwören, inventarisierte das Bargeld und das Getreide, verschloß Wertgegenstände, sogar das Kirchensilber. Daß der neue Herr nicht willens war, das Kloster fortbestehen zu lassen, wurde im Dezember deutlich, als er anordnete, die fünf Novizen zu entlassen.

Im April 1803 übernahm die Verwaltung sämtlicher Klostergüter ein kurfürstlicher Administrator. Im Mai erhielten Abt und Mönche ein Tagegeld zugewiesen; ferner wurden sie befragt, welchem Beruf sie nach Aufhebung des Klosters nachgehen wollten. Im Sommer 1803 löste sich die Gemeinschaft der Mönche allmählich auf. Abgeschlossen wurde die Aufhebung des Klosters Banz am 24. Oktober 1803.

Das Ende der fränkischen Hochstifte und die Aufhebung des Klosters kamen für Abt und Konvent von Banz nicht überraschend. Als im April 1802 ein bayerischer Major die Abtei Banz besuchte, sahen ihn der Abt und mehrere Mönche bereits als kurfürstlichen „Kommissär“ an; der Abt hatte die Instruktion Maximilians, die altbayerischen Klöster aufzuheben, in Händen und rechnete damit, das sie auch auf Banz ausgedehnt würde. Der Gedanke des Abtes, Banz „theils als deutsche und lateinische Vorbereitungsschule, theils als Institut zur Bildung künftiger Schullehrer, theils als Fabrik für Wollen- und Flachs-Spinnerey [. . .], theils als erweiterte Armenanstalt“ fortbestehen zu lassen, die Aufgaben in diesen Einrichtungen Konventualen zuzuordnen und so den Weiterbestand des klösterlichen Lebens – wenigstens auf einige Zeit – zu erwirken, war aussichtslos.

Der bewegliche wie der unbewegliche Besitz des Klosters gingen 1803 an den bayerischen Staat über. Abgaben mußten diejenigen, die auf ehemals banzischen Lehen wohnten, fortan an kurfürstliche Beamte zahlen, wobei anstelle von Naturalien und Frondiensten nun Geld gefordert wurde. Die Klosteranlage wurde teils verkauft – die Erträge flossen der Staatskasse zu –, teils für staatliche Zwecke genutzt. Die Bibliothek des Klosters wurde nach Bamberg gebracht; die Bücher fielen, soweit sie nicht als Dubletten ausgeschieden wurden, zum größten Teil der Königlichen Bibliothek (der heutigen Staatsbibliothek) in Bamberg zu. Das Naturalienkabinett wurde mit den – wesentlich kleineren – Sammlungen des Klosters Langheim und der Universität Bamberg vereinigt zum Naturalienkabinett (heute: Naturkundemuseum) Bamberg. Die Münzsammlung trug zur Vervollständigung des Königlich Bayerischen Münzkabinetts in München bei. Mobilien wurden verkauft; die zwei größten Glocken wurden von einem Frankfurter Händler ersteigert und 1807 zerschlagen.

Der Abt erhielt eine jährliche Pension von 6000 Gulden; als Wohnsitz wurde ihm das Schloß Buch am Forst zugewiesen, das er im Juli 1803 bezog. Hier starb er 78jährig am 22. Oktober 1820; auf seinen Wunsch hin wurde er in der Gruft der Klosterkirche beigesetzt.

An die Konventualen wurden ihrem Alter und ihrer Position im Kloster entsprechend Pensionen zwischen 400 und 600 Gulden bezahlt, insgesamt 10000 Gulden. Nur drei der 23 Mönche übernahmen im folgenden eine Pfarrstelle; weitere fünf betätigten sich als Aushilfspriester in der Seelsorge. Durch sein Wirken als Pfarrer zeichnete sich besonders der Banzer Mönch Ambrosius Seyfried (1775–1823) aus. Als der gebürtige Gemündener die Pfarrei Zapfendorf versah, verlieh ihm der

Ehemaliges Schulhaus in Stetten

König 1814 die goldene Zivil-Verdienstmedaille „wegen der ausgezeichneten Verdienste, welche sich derselbe während der [...] Nervenfieber-Epidemie mit bedeutenden Aufopferungen und eigener Gefahr durch die Selbstbesorgung, Wartung und Verpflegung der Kranken erworben" hatte.

Einzelne Konventualen ergriffen nicht-geistliche Berufe. Dionysius Linder, der in der Abtei für das Naturalienkabinett verantwortlich gewesen war, wurde die Leitung des Bamberger Naturkundemuseums übertragen. Ildephons Schatt (1774–1829) wurde 1804, nachdem er ein Jahr lang die Bamberger Zeitung redigiert hatte, Professor am Schullehrerseminar Bamberg, 1809 dessen Inspektor. Othmar Frank (1770–1840) studierte Orientalistik und lehrte ab 1821 in Würzburg, ab 1826 dann in München als Universitäts-Professor Sanskrit. Wieder andere Mönche, die älteren zumeist, lebten von ihrer Pension.

Der letzte Konventuale des Klosters Banz war Anselm Reuschel, zur Zeit der Säkularisation noch Diakon. Er starb 76jährig am 3. Mai 1853 in Bamberg, ein halbes Jahrhundert nach der Aufhebung seines Klosters. Joseph Otto Jennes aus Seßlach, der im Dezember 1801 in Banz mit vier anderen das Noviziat antrat, aber wie sie nach einem Jahr auf kurfürstlichen Befehl hin entlassen wurde, lebte sogar bis zum 28. Mai 1862.

Banz als Sitz von Landgericht, Rentamt und Pfarrei

Seit Mitte des Jahres 1803 bestand das Kloster Banz nicht mehr. Teile der Klosteranlage, vornehmlich landwirtschaftliche Nutzgebäude, wurden an Privatleute verkauft. Noch im Herbst 1803 gründete die bayerische Regierung eine Pfarrei; die Klosterkirche wurde zur Pfarrkirche. Zum ersten Pfarrer wurde der ehemalige Konventuale Chrystostomus Cantor (1775–1815) ernannt. Zuständig war er für Banz, die Dörfer Weingarten, Hausen, Unnersdorf und Nedensdorf sowie für einige Einöden. 1804 wurde ein Friedhof angelegt, wo sich bereits zu Zeiten des Klosters der „Gottesacker für die Dienstboten" befunden hatte.

Ferner bildete die kurfürstliche Regierung im November 1803 ein Landrichteramt – seit 1804 Landgericht – und ein Cameralamt – seit 1804 Rentamt – mit Sitz in Banz. Untergebracht waren beide Behörden im Abteibau; die Bauten im Westen des großen Innenhofes dienten als Fronveste (Amtsgefängnis) sowie als Wohnung für den Landgerichtsdiener und den Revierförster.

Die Landgerichte hatten in Bayern bis 1861 eine Doppelfunktion. Sie hatten sowohl „Justiz- und Polizeyaufgaben" als auch die allgemeine Verwaltung wahrzunehmen; diese Pflichten teilen sich heute im wesentlichen Landratsamt und Amtsgericht. Dem Rentamt, dem Vorläufer des Finanzamtes, oblag es, sämtliche Staatseinnahmen einzuziehen, die im Landgerichtssprengel anfielen.

Landgericht und Rentamt Banz waren zuständig für die Gemeinden rechts des Mains von Marktgraitz und Redwitz im Norden bis Oberbrunn und Draisdorf im Süden. Ferner verwaltete das Rentamt die Erträge der ehemals klösterlichen Lehen in Sachsen-Coburg und Sachsen-Meiningen.

Landrichter auf Banz war von 1805 bis zur Auflösung seiner Behörde Dr. Martin Aschenbrenner, geboren 1775 in Scheßlitz, der zuvor als außerordentlicher Professor für „juridische Encyclopädie" an der Universität Bamberg gelehrt hatte. Aschenbrenner verfaßte mehrere Werke über die „Erneuerung und Verbesserung des Zustandes der untersten Bürgerklassen" (so ein Buchtitel). Auch als Landrichter bemühte er sich, die Einkommensverhältnisse der ihm anbefohlenen Bürger zu verbessern; so nahm er sich etwa der Michelauer Korbmacherzunft an.

Ein Teil der Klosteranlage, der Wirtshaustrakt, wurde 1809 abgerissen; die Steine verwandte der Bamberger Landbauinspektor Ferdinand Freiherr von Hohenhausen (1782–1851) für den Bau eines Schulhauses in Stetten. Die Banzer Beamten sahen den Abbruch „aus Mißvergnügen über die [...] Einsamkeit" nicht ungern, wie der Bamberger Bibliothekar Joachim Heinrich Jäck argwöhnte. Angeblich hofften sie, „nach allmählich werdender Ruine des Klosters [...] in das Städtchen Staffelstein versetzt zu werden", das seit 1803 kein Amt mehr beherbergte.

Banz unter Herzog Wilhelm in Bayern

Möglicherweise wäre Banz im folgenden wirklich – ähnlich den Klosteranlagen von Langheim und Münsterschwarzach – zu einem erheblichen Teil abgerissen worden. Die Rettung kam durch Herzog Wilhelm in Bayern, der 1808 auf der Rückreise vom Erfurter Fürstenkongreß durch das Maintal fuhr. Sein Sekretär Dr. Carl Theodori berichtet, „die Lage von Banz habe ihn derart beeindruckt, daß er schon damals bei sich beschloß, es als Eigenthum zu erwerben". Doch die Kaufverhandlungen zogen sich bis 1814 hin. Erst dann konnte Herzog Wilhelm die ehemalige Klosteranlage kaufen.

Das Landgericht und das Rentamt waren schon 1813 aufgelöst worden; stattdessen hatte der Herzog mit königlicher

Herzog Wilhelm in Bayern, um 1810

Genehmigung hier ein Herrschaftsgericht, das in seinen Befugnissen einem Landgericht gleichgestellt war, und ein Rentamt gebildet. Ihr Sprengel umfaßte außer Banz selbst 17 Orte und entsprach in etwa dem alten Klosteramt. Hinzu kam noch das Dorf Neubanz am Westhang des Banzberges, das erst vom Herzog gegründet wurde. Zugleich erhielt er das Patronatsrecht über die Pfarreien Banz und Altenbanz. 1827 kaufte der Herzog den Staatsforst Banzberg; ferner gehörte ihm seit 1820 das Schloß zu Lahm im Itzgrund.

Herzog Wilhelm, 1752 geboren und in der Reichsstadt Gelnhausen aufgewachsen, entstammte der Zweibrücker Linie der Wittelsbacher; sein Vater war der nicht-regierende Pfalzgraf Johann von Zweibrücken-Birkenfeld-Gelnhausen. Verheiratet war er mit Maria Anna von Zweibrücken-Birkenfeld, einer Wittelsbacherin, der Schwester König Maximilians I. Joseph von Bayern. Unter dem bayerischen Kurfürsten Karl Theodor (1775–1799) und unter seinem Schwager hatte Wilhelm sich um die Erhaltung Bayerns verdient gemacht; 1799 hatte er mit dem Zaren von Rußland die Verlobung seiner Tochter mit dem bayerischen Thronfolger Ludwig ausgehandelt; von 1803 bis 1806 hatte er im Auftrag seines Schwagers die Regierungsgeschäfte im Herzogtum Berg ausgeübt. Den Titel „Herzog in Bayern“ hatte Maximilian Joseph seinem Schwager unmittelbar nach der Regierungsübernahme in Bayern verliehen.

Banz diente Herzog Wilhelm als Sommerresidenz. Jäck zufolge sehnte „er sich nach seinem jährlichen Sommer-Aufenthalte zu Banz immer vom Neuen“; glaubt man seinem Sekretär Dr. Theodori, war Banz der „Lieblings-Landsitz“ des Herzogs. In Banz empfing er 1818 die Zarin von Rußland, 1823 und 1831 den König von Bayern.

Den Abts- und Konventstrakt baute der Herzog zur Wohnung für sich und seine Familie um; aus dieser Zeit stammen die klassizistischen Parkettböden in den westlichen Räumen des Abteibaus. Im Kaisersaal wurden die Kaiser- durch Wittelsbacher-Porträts ersetzt. Freilich wurde beim Umbau auch der Bibliothekssaal unterteilt, das Deckengemälde weitgehend vernichtet.

Den abgebrochenen Wirtshausflügel ließ er neu erstellen. Der Kirchenfassade gegenüber entstand „ein großes Glashaus mit einer Wohnung für den Gärtner“; abgebrochen wurde dabei wohl die Wagnerei, die Schreinerei, ein Heustadel und das Kelterhaus abgerissen. Den „Hungerbau“, der zur Zeit des Klosters im Inneren nicht fertiggestellt worden war, ließ er für sein Gefolge und Gäste ausbauen. Hinter diesem Ostflügel errichtete Herzog Wilhelm „einen Marstall für 40 Pferde und die nöthigen Remisen“. Der Platz zwischen dem Glashaus und der Kirche wurde „unter seiner eigenen Leitung“ bepflanzt. Für die Kirche schaffte der Herzog Paramente an. Über der Sakristei richtete er ein Oratorium ein, in dem ein Altar mit der Darstellung der Taufe Christi aus reinen Silber aufgestellt wurde, den Papst Pius VI. seinem Patenkind, Wilhelms Sohn Pius August, geschenkt hatte.

Vom Maintal nach Banz wurde eine „Kunststraße“ angelegt; die Allee, die bis vor einigen Jahren den Banzberg hinaufführte, war ein Teil davon. Über den Main ließ Herzog Wilhelm 1816 bei Unnersdorf, wo es bis dahin nur eine Fähre gegeben hatte, eine Brücke bauen.

Audienzzimmer des Banzer Abtes an der Nordwestecke des Abteibaus, umgestaltet unter Herzog Wilhelm

Einen Teil der Gruft unter der Kirche – zwischenzeitlich hatte die Gruft als Kuhstall gedient – richtete der Herzog als Grablege für seine Familie ein. Der erste, der darin beigesetzt wurde, war Alexander Berthier, den Napoleon zum Chef seines Generalstabes und zum Marschall von Frankreich ernannt, zum Fürsten von Neuchâtel und Wagram erhoben und 1808 mit Herzog Wilhelms Tochter Maria Elisabeth (1784–1849) verheiratet hatte. Berthier stürzte am 1. Juni 1815 aus einem Fenster der Neuen Residenz zu Bamberg zu Tode, wohl aus eigenem Entschluß.

Im folgenden wurden in der Banzer Gruft folgende Mitglieder der Herzogsfamilie begraben: 1823 Wilhelms Schwiegertochter Amalie Luise, 1824 seine Frau Maria Anna, 1833 der im Säuglingsalter verstorbene Urenkel Wilhelm Karl, 1837 Herzog Wilhelm selbst und sein Sohn Pius August, 1845 ein totgeborenes Kind von Wilhelms Enkel Maximilian, 1867 Herzogin Sophie, die Frau seines Urenkels Karl Theodor, eine Tochter des Königs von Sachsen.

Über die Bestattung des in Bamberg verstorbenen Herzogs Wilhelm am 14. Januar 1837 meldete das Tag-Blatt der Stadt Bamberg: „Nachdem [...] Nachts nach 10 Uhr der Leichenwagen [...] abgefahren war, kam derselbe Morgens nach halb 4 Uhr in Banz an, wo er vor der Kirche hielt. Hier wurde der Sarg von sechs Ortsvorständen der Herrschaft in die Gruft getragen, an dem Eingang niedergestellt und von dem Herrn Pfarrer von Altenbanz eingesegnet." (Der Banzer Pfarrer war nämlich vier Tage nach dem Herzog gestorben.) „Bei dieser Gelegenheit hielt der herzogl. Kanzleirath Hr. Nikol eine kurze aber treffliche Rede über das Leben und Wirken des [...] Verblichenen als Mensch, Christ, Staatsmann und Fürst, worauf der Hr. Pfarrer gleichfalls eine kurze Anrede an die zahlreiche Versammlung hielt und dann den Sarkophag von denselben Ortsvorständen, begleitet von allen Anwesenden, an diejenige Stelle tragen ließ, welche sich der Höchstselige schon bei seinen Lebzeiten ausgewählt hatte." Sein Herz aber wurde in der Kirche beigesetzt.

Testamentarisch vermachte Herzog Wilhelm 1000 Gulden, die unter die Armen in der Herrschaft Banz und in Lahm verteilt werden sollten; die Banzer Distrikts-Armenanstalt erhielt 4000 Gulden, von deren Zinsertrag erkrankte Arme behandelt und verpflegt werden sollten. Schon zu seinen Lebzeiten hatte sich der Herzog um die Notleidenden in seiner Herrschaft gekümmert; er hatte neben einem Armen-Hilfsfond eine „Flachsspinnanstalt" ins Leben gerufen; durch das Spinnen von Flachs konnten sich arbeitsfähige Arme etwas Geld verdienen.

Wilhelm hatte die Besitzungen und Rechte des herzoglichen Hauses bereits 1834 seinem Enkel Maximilian (1808–1888) übertragen. Herzog Maximilian in Bayern, bekannt als Vater der Kaiserin Elisabeth von Österreich (1837–1898), war mit Banz und der Landschaft am oberen Main recht eng verbunden. 1835 hatte er unter dem Pseudonym „Phantasus" die Novelle „Jacobine" veröffentlicht, eine tragische Liebesgeschichte, die in Staffelstein und Umgebung spielt. 1837 stiftete Maximilian, wie sein Großvater es gewünscht hatte, eine Schloßkaplanei in Banz und übertrug sie Ägidius Baumann, einem ehemaligen Langheimer Mönch.

Trotz aller Verbundenheit lebte Herzog Maximilian im Gegensatz zu seinem Großvater nur mehr selten in Banz, da er neben den Schlössern, die schon Wilhelm besessen hatte, seit 1831 ein Stadtpalais in München und von 1834 an das Schloß Possenhofen am Starnberger See sein eigen nannte. Nur hin und wieder kam er für einige Tage nach Banz, zum Beispiel im Januar 1845, als er hier jagte. Zu dieser Jagd lud er „eine große Anzahl Herren von [...] der Umgegend" ein; er veranstaltete einen Ball, „an welchem die tanzlustige Jugend der Honoratioren aus der ganzen Umgegend" teilnahm; zu seiner Unterhaltung ließ er eine Tiroler Sängerfamilie nach Banz kommen. Doch derartige Aufenthalte waren nicht allzu häufig. Auch die herzogliche Beamtenschaft auf Banz schrumpfte zusammen, als 1851 die Gerichts- und Polizeibehörde, die Nachfolgerin des Herrschaftsgerichtes, aufgelöst wurde.

Banz als Touristenziel

Wenn auch der Herzog Banz selten besuchte, so stieg doch die Zahl der Auswärtigen, die zu einem Ausflug oder zur Sommerfrische nach Banz fuhren. Wie zu Zeiten des Klosters bestand ja ein Wirtshaus, das auch über Fremdenzimmer verfügte (zwölf waren es im Jahr 1882). Es waren nicht nur das Schloß, durch das man sich vom herzoglichen Schloßverwalter führen lassen konnte, und die Aussicht von der Terrasse, sondern auch die „Petrefaktensammlung", die Besucher anzog. Der Geheime Sekretär und Kanzleirat des Herzogs, Dr. Carl Theodori, und der Pfarrer Augustin Geyer, ein ehemaliger Mönch, hatten die Sammlung von Versteinerungen aus dem Herrschaftsgericht Banz angelegt und 1829 dem Herzog zur Verfügung gestellt, Geyers Nachfolger, Pfarrer Dr. Johann Murk (1806–1859), hatte sie „mit den ausgezeichnetsten Saurier-Ueberresten bereichert" (Theodori), und Herzog Maximilian

Herzog Wilhelm beim Ausritt mit Baron von Pölnitz, seinem Stallmeister und seinem Leibhusaren, im Hintergrund Banz. Kolorierte Lithographie von Franz Sebastian Scharnagel, Bamberg, 1821

hatte das Museum um beachtliche Mitbringsel von seiner Ägyptenreise des Jahres 1838 – darunter eine Mumie – erweitert. Die Sammlung genoß einen Ruf, der über Deutschland hinausreichte (siehe S. 99f.).

Der wohl bekannteste Gast in Banz war der badische Dichter Joseph Victor von Scheffel (1826–1886), der, aus Prag kommend, am 11. Juli 1859 eintraf und für etwa zwei Monate im Schloß Banz blieb, das er bereits von einem Besuch 1845 kannte. Von Banz aus unternahm der beurlaubte Bibliothekar des Fürsten von Fürstenberg Ausflüge in die nähere Umgebung – sicherlich bestieg er den Staffelberg –, nach Bamberg, in die Fränkische Schweiz. Schon am Ankunftstag rühmte er seiner Mutter in einem Brief seine „prächtige Wohnung", die „freundliche[n], einfache[n] baierische[n] Wirthsleute", die „frische Bergluft", die „weite Aussicht" und die „gute Verpflegung". „Ich bin in meiner Klosterstille [...] vortrefflich aufgehoben und könnte Jahr und Tag hier sein", schwärmte er kurz darauf. Bald fand er Anschluß, besonders beim herzoglichen Forstmeister. „Man heißt mich überall den ‚Herrn Professor' und kennt mich bald im ganzen Jagdrevier, lädt mich zu Scheibenschießen und Pfarrabschieden ein und läßt mich meine einsamen Gänge machen", teilte er am 20. August zufrieden seiner Mutter mit.

Er habe „viel Lieder" geschrieben, hatte Scheffel ihr am Vortag berichtet. Darunter waren gewiß die zwei Erzählgedichte, die vom fiktiven Banzer Mönch Nicodemus handelten: „Bericht vom Meerdrachen" und „Bericht von den Mücken". Zu seinem humorigen Gedicht „Der Ichthyosaurus" regte ihn zweifellos die „ausgezeichnete naturhistorische Sammlung" – so Scheffel über die Petrefaktensammlung, die er schon 1845 bewundert hatte – an, zum „Waldpsalm" der einstige Kugelplatz der Mönche. Auch das berühmte „Wanderlied" („Wohlauf, die Luft geht frisch und rein") geht auf den Aufenthalt des Dichters in Banz zurück.

Scheffel sprach noch vom „einsamen Schloß". Es sei nur „hie und da ein Tourist" gekommen, als er sich in Banz aufhielt. Ganz anders in den 1880er Jahren. Am 29. Juli 1887 meldete das Lichtenfelser Tagblatt: „In den letzten Jahren hat sich Banz als klimatischer Kurort bedeutend emporgeschwungen und ist auch zur Zeit von sehr vielen Kurgästen aus verschiedenen Ländern – worunter aus Rußland – besucht. Zur Unterbringung derselben reichen die Wirthschaftsräume nicht aus und sind auch die noch disponiblen Räume der Privatbewohner vollends besetzt. Der anstoßende Wald mit seinen schattigen Buchen und Eichen, harzigen Nadelbäumen, bietet den Gästen auf den durchkreuzt angelegten Pfaden, herrliche Promenade [...], während andererseits die Anlage und Terrasse dem Gaste nach Ost und Süd eine prachtvolle entzückende Aus- und Fernsicht gestattet. Das am Fuße des Berges im Maine eingerichtete ‚Carlsbad' gibt Gelegenheit für körperliche Abkühlung, was besonders bei dieser Hitze angenehm empfunden wird. Die Gäste sprechen sich auch über Kost, Logis und das weiter ihnen Gebotene sehr zufrieden aus."

Damit die Touristen und Kurgäste „die so reizende Aussicht ins Mainthal [...] auch bei wenig günstiger Witterung im geschlossenen Raume genießen" konnten, ließ Herzog Karl Theodor (1839–1909), der Sohn Maximilians, auf dem östlichen Teil der Terrasse im Sommer 1892 eine „mehrere hundert Personen fassende Glashalle errichten und solche mit elegantem Gartenmöbel ausstaffiren".

Gerade die Unruhe, die aus der Beliebtheit von Banz bei Sommerfrischlern und Ausflüglern resultierte, mag es der herzoglichen Familie verleidet haben, häufiger in diesem Schloß zu wohnen. Banz habe „in unseren Tagen sehr selten mehr seine Schloßherren in sich gesehen", schrieb 1905 das Lichtenfelser Tagblatt. So war es nur folgerichtig, daß Herzog Maximilian die Familiengruft 1883 aufheben ließ. Am 4. Juni dieses Jahres wurden die acht Särge nach Staffelstein geschafft und mit der Eisenbahn zur neuen Grablege, nach Tegernsee, überführt. Auch die Petrefaktensammlung sollte 1886 nach München verlegt werden; doch wurde dieses Vorhaben nicht verwirklicht.

Verkaufsbestrebungen der herzoglichen Familie

Immer wieder versuchte die herzogliche Familie, Banz zu verkaufen, denn – so schrieb das Lichtenfelser Tagblatt 1905 – „das Schloßgut hat diverse Lasten und trägt wenig Nutzen". Bereits 1851 berichtete das Tag-Blatt der Stadt Bamberg: „Die Wittwe des Ex-Königs Louis Philippe von Frankreich soll die Herrschaft Banz anzukaufen beabsichtigen; die Unterhandlungen mit dem jetzigen Besitzer derselben, Herzog Max in Bayern, sollen dem Abschlusse nahe sein." Doch der Verkauf zerschlug sich.

Auch im folgenden kam es immer wieder zu Verkaufsverhandlungen. „Schon oft war die Sprache davon, daß [...] Banz [...] veräußert und zu verschiedenen Zwecken eingerichtet werden soll. Aber alle diese Pläne und Projekte sind wieder

In wahrhaft grandiosen Verhältnissen umfängt die Terrasse, von einer prächtigen Ballustrade eingefaßt, die ganze östliche Seite des Schlosses, und beherrscht eine Gegend, deren Lieblichkeit in der Tat nicht viele ihres Gleichen findet.
Da liegt das ganze Maintal im Kranze seiner ernsten Gebirge, ausgebreitet wie ein blühender Garten, vor uns. Der Fluß in zahllosen Windungen, als sträube er sich, dieses schöne Tal zu verlassen, leuchtet wie ein silbernes Band aus dem Grün der Wiesen oder der ihn beschattenden Ulmen herauf; seine kleinen Städte mit ihren spitzen Türmen, die Dörfer, die rebenbedeckten Abhänge der Hügel, die Saatenfelder, welche von Segen geschwellt, wogen – ja man muß es den Benedictinermönchen lassen, daß sie anmutige Orte für ihre Klöster zu wählen wußten.

Gustav von Heeringen, 1838

Die Banzer Terrasse im frühen 19. Jahrhundert

aufgegeben worden", wußte das Lichtenfelser Tagblatt 1897 zu berichten. Damals wollten Benediktinerinnen das Schloß erwerben, „um daselbst ein Sanatorium für Kranke weiblichen Geschlechts höherer Stände einzurichten"; benannt werden sollte es nach der kurz zuvor tödlich verunglückten Schwester des Herzogs: „Sophien-Stiftung". Herzog Karl Theodor war Arzt – sein Spezialgebiet war die Augenheilkunde –; er mag deshalb an der Idee, Banz in ein Krankenhaus umzuwandeln, besonders interessiert gewesen sein. Nichtsdestoweniger scheiterte der Verkauf auch diesmal.

Über längere Zeit zogen sich offenbar die Gespräche zwischen dem Herzog und Benediktinern hin. Ende 1905 kam das Gerücht auf, in Banz werde wieder ein benediktinischer Konvent einziehen, und 1907 meldete das Lichtenfelser Tagblatt, der Verkauf an die Benediktiner stehe bevor; ungeklärt sei nur noch „die Mitübergabe der Waldungen". Angeblich sollte der Konvent von Schäftlarn nach Banz übersiedeln. Wieder zerschlugen sich die Verkaufspläne.

Das Trappistenkloster Banz

Erst 1920 gelang es Karl Theodors Sohn, Herzog Ludwig Wilhelm in Bayern (1884–1968), Banz wenn schon nicht zu verkaufen, so doch langfristig – auf 50 Jahre – zu verpachten. Trappisten, reformierte Zisterzienser, waren es, die das Schloß Banz im Mai 1920 pachteten. Sie kamen aus dem Kloster Ölenberg im Elsaß, das im Ersten Weltkrieg zerstört worden war. Nach Kriegsende hatte Frankreich den deutschen Konventualen die Rückkehr in ihre Abtei verwehrt. So wurde die Neugründung eines Klosters in Deutschland ins Auge gefaßt; P. Dr. Gregor Eisvogel (1873–1950), der Sekretär des Abtes, erhielt den Auftrag, sie vorzubereiten.

Der Bamberger Weihbischof Dr. Adam Senger (1860–1935) aus Döringstadt vermittelte ihn an Herzog Ludwig Wilhelm. Am 14. Mai 1920 wurde der Pachtvertrag unterzeichnet; wenige Tage später bezog P. Eisvogel Banz als Superior; am 25. Juli führten der Erzbischof von Bamberg und sein Weihbischof die Konventualen in Anwesenheit einer großen Menschenmenge – darunter die bulgarische Königsfamilie – feierlich in ihr neues Kloster ein. Anfang 1921 lebten in Banz 20 Priestermönche und 32 Brüder. Zunächst eine Filiale der Abtei Ölenberg, wurde Banz im Dezember 1922 zum selbständigen Priorat erhoben; zum Prior wählte der Konvent P. Eisvogel.

Obwohl die Klostergebäude nicht mehr besichtigt werden konnten, blieb Banz ein beliebter Ausflugsort. „Und die weitgerühmte herrliche Aussicht von der Banzer Terrasse zieht namentlich in den Sommermonaten einen solchen Fremdenstrom nach dem Kloster, daß es für die Pflege des innerlichen Lebens in einem beschaulichen Orden eine fast ständige, unangenehme Störung bedeutet", schrieb 1925 ein Konventuale. Hinzu kam, daß es in der unmittelbaren Umgebung des Klosters für die Mönche keine Möglichkeit gab, selbst Ackerbau zu treiben; der Erwerb eines Hofes in Hochstadt am Main 1922 konnte diesen Mangel nicht völlig beseitigen. Obendrein wurde durch den Umstand, daß die Klosterkirche weiterhin als Pfarrkirche diente, das Chorgebet „vielfach behindert".

So sahen sich die Trappisten bald nach einer anderen Heimstatt um. 1924 wurden sie auf Engelszell an der Donau aufmerksam, ein 1784 aufgehobenes Zisterzienserkloster, das seither – wie Banz – als Schloß genutzt worden war. Am 14. März 1925 kaufte das Priorat die Anlage dem Grafen Pachta ab. Allmählich übersiedelte der Banzer Konvent nach Österreich. Banz verließen die letzten Mönche im August 1925. Engelszell wurde 1931 zur Abtei ernannt; zum ersten Abt wurde der bisherige Prior, P. Eisvogel, gewählt. In Banz erinnern nur noch in der Gruft die Grabplatten für vier hier beigesetzte Trappisten an das kurzlebige Priorat Banz.

Nach dem Abzug der Trappisten trat Herzog Ludwig Wilhelm in Verhandlungen mit dem Benediktinerorden ein; der Abt von Scheyern reiste 1926 nach Banz, um die Eignung des Schlosses als Benediktinerkloster zu prüfen. An zu hohen Forderungen des Besitzers scheiterte aber der Verkauf.

Erst 1933 war der Herzog erfolgreich: Die Gemeinschaft von den heiligen Engeln erwarb Banz. Der Banzer Wald freilich ist im Besitz der herzoglichen Familie geblieben. Und über dem Tor zum Innenhof von Banz zeugt bis heute das Rautenwappen davon, daß die einstige Klosteranlage 120 Jahre lang Schloß der Herzöge in Bayern war.

Zentrum der Auslandsdeutschen-Mission

Gründer und Leiter der Gemeinschaft von den heiligen Engeln war Franz Xaver Geyer (1859–1943). In Regen (Niederbayern) geboren, in München und am Seminar der afrikanischen Mission in Verona ausgebildet und 1882 zum Priester geweiht, war er anschließend vier Jahrzehnte lang in Afrika als Missionar tätig. 1903 wurde er zum Apostolischen Vikar von Zentralafrika ernannt, nachdem er bereits neun Jahre als Administrator das Vikariat geleitet hatte, und zum Bischof

Die rechte Glocke stiftete 1864 Herzog Maximilian für die Banzer Kirche; in seiner Gegenwart wurde sie geweiht. Gegossen hat sie der Bamberger Johann Peter Lotter (1816–1894).

geweiht. Jenes Amt hatte Franz Xaver Geyer bis zum Jahre 1921 inne.

Nach 1922 widmete Geyer sich der Seelsorge für die Auslandsdeutschen, deren Zahl er Anfang der 30er Jahre mit fast 17 Millionen angab. Er plante, eine Priestergemeinschaft zu gründen, die sich ganz dieser Aufgabe annehmen sollte. 1923/24 reiste er durch die Vereinigten Staaten von Amerika, um für sein Vorhaben zu werben und Geld zu sammeln. Die so gewonnenen Mittel erlaubten es ihm, 1924 in Bad Godesberg bei Bonn eine ehemalige Pension zu erwerben, in das er mit seinem Begleiter auf der Amerika-Reise, einem Gymnasiasten, einzog. Im folgenden Jahr kamen drei weitere Anwärter hinzu. 1927 legte er die Statuten seiner Gemeinschaft, die er unter den Schutz der heiligen Engel stellte – deshalb auch „Angelicum" genannt –, in Rom zur Prüfung vor. Angeschlossen war der Gemeinschaft ein Seminar mit vollständigem Gymnasium. An das Abitur – erworben im Seminar oder an einem anderen Gymnasium – schloß sich für die Postulanten ein einjähriges Noviziat an; dann studierten sie an der Universität Bonn Philosophie und Theologie.

Der Gemeinschaft gehörten neben den Priestern, die ihr ganzes Leben der Auslandsdeutschen-Seelsorge widmen sollten, auch Laienbrüder an, die etwa als Handwerker, in der Verwaltung, als Volksschullehrer, als Mesner die Arbeit der Priester unterstützten.

Die amerikanischen Spendengelder ermöglichten es Geyer, für diese Gemeinschaft Banz zu erwerben; 1933 unterzeichneten er und Herzog Ludwig Wilhelm den Kaufvertrag. Der Erwerb eines größeren Gebäudekomplexes war notwendig, denn die Gebäude in Bad Godesberg waren für die wachsende Zahl der Novizen und Studenten zu eng geworden. Allmählich übersiedelte die Gemeinschaft – bestehend aus über 100 Mitgliedern und Anwärtern – nach Banz; im Januar 1935 war mit der Verlegung des Gymnasiums nach Oberfranken der Umzug abgeschlossen. (Die Studenten der Gemeinschaft waren an der Philosophisch-Theologischen Hochschule Bamberg eingeschrieben; mit einem Auto wurden sie täglich dorthin gebracht.) Am 26. Mai 1935 weihten der Erzbischof von Bamberg, der Bischof von Osnabrück und Geyer die „Auslandsdeutschen Mission Banz" feierlich ein.

Das nationalsozialistische Regime schränkte die Arbeit des Angelicums empfindlich ein. Noch 1935 mußte das Seminar aufgelöst werden; 1939 wurde das Jahrbuch der Gemeinschaft verboten; drei Jahre später mußte der Rundbrief an die Mitglieder der Gemeinschaft sein Erscheinen einstellen. Priester und Studenten wurden zur Wehrmacht einberufen; 16 Angehörige der Gemeinschaft fielen. 1940 waren französische Kriegsgefangene, von 1940 bis 1941 bessarabien-deutsche Umsiedler in Banz einquartiert. Um der Enteignung zu entgehen – der angeblich die Umgestaltung von Banz zu einer Schulungsburg der SS gefolgt wäre –, holte die Gemeinschaft 1942 ein Reservelazarett mit anfangs 250, später 300 Betten nach Banz, das bis zum August 1945 bestand.

Das Germanische Nationalmuseum Nürnberg, die Staatsbibliothek Berlin, das Armeemuseum Prag, die Kunstsammlungen Veste Coburg deponierten Teile ihrer Sammlungen in der Klosteranlage. Obendrein zog 1944 der Einsatzstab Reichsleiter Rosenberg nach Banz und brachte Waggonladungen von Büchern mit, die den Juden von Antwerpen geraubt worden waren.

Nach Kriegsende wurde das Studienseminar nicht wiederhergestellt. Die Angehörigen des Angelicums betätigten sich zunächst innerhalb Deutschlands als Seelsorger; namentlich betreuten sie Flüchtlinge und Heimatvertriebene und Katholiken in Diasporagebieten. Erst in den 50er Jahren konnte sich das Angelicum wieder der Auslandsdeutschen-Seelsorge zuwenden.

In Banz veranstaltete die Gemeinschaft Akademien über die Verchristlichung des Alltags, Tagungen und Konzerte. P. Martin Kuhn (1910–1974) wirkte als Lektor im Geschichtsverein „Colloquium Historicum Wirsbergense" mit und erwarb sich Verdienste um die Erforschung der Banzer Geschichte.

Allmählich schrumpfte die Priestergemeinschaft. In Banz lebten zuletzt nur noch zwei Priester und einige Laienbrüder. 1978 wurde die einstige Klosteranlage (mit Ausnahme von Kirche und einstigem Gärtnerhaus) an die Hanns-Seidel-Stiftung verkauft.

Bildungszentrum der Hanns-Seidel-Stiftung

Ein Kulturdenkmal im Dienste politischer Bildungsarbeit

Von Manfred Baumgärtel

„Es war eine mutige, es war eine gute und richtige Entscheidung der verantwortlichen Persönlichkeiten der Hanns-Seidel-Stiftung, die Klosteranlage Banz zu übernehmen, auszubauen und einer Verwendung zuzuführen, die der großen Tradition des Klosters entspricht und eines der ehrwürdigsten Zeugnisse fränkischer Geschichte und Kultur vor dem Verfall zu retten. Über diese beispielhafte Verbindung von Denkmalpflege und sinnvoller Nutzung dürfen wir zu Recht glücklich sein." Mit diesen Worten würdigte – anläßlich der Eröffnung des Bildungszentrums Kloster Banz am 22. April 1983 – Ministerpräsident Franz Josef Strauß die Übernahme der vom Verfall bedrohten Klostergebäude durch die Hanns-Seidel-Stiftung. Ein besonderer Glücksfall war es sozusagen „für beide Seiten": Zum einen konnte ein Kulturdenkmal von europäischer Bedeutung in seiner Substanz erhalten werden, zum anderen fand ein weithin bekannter Träger politischer Bildungsarbeit den dringend benötigten Raum, um dem ständig wachsenden Interesse an seinen Fortbildungs- und Tagungsprogrammen gerecht werden zu können. Auch konnte die Hanns-Seidel-Stiftung auf diese Weise ihre Präsenz im nordbayerisch-fränkischen Raum wesentlich verstärken.

Seit ihrer Gründung betreibt die Hanns-Seidel-Stiftung politische Bildungsarbeit mit dem Ziel, die „demokratische und staatsbürgerliche Bildung des deutschen Volkes auf christlicher Grundlage", so die Satzung, zu fördern. Es geht der Stiftung also darum, den Sinn des Bürgers für Politik, sein Verständnis politischer Entscheidungsabläufe sowie die Bereitschaft zur Beteiligung am politischen Prozeß zu wecken. Darüberhinaus will sie aber auch das Bewußtsein für die geistig-moralische Dimension von Politik schaffen. Denn Demokratie, Recht und Freiheit, wie sie uns heute allzu selbstverständlich geworden sind, wurzeln in christlich-humanistischen Traditionen: Traditionen, denen sich die Hanns-Seidel-Stiftung verpflichtet weiß.

Ihre Arbeit nahm sie im Jahr 1967 auf, als jüngste der sogenannten parteinahen Stiftungen, denen vor allem politische und staatsbürgerliche Bildungsarbeit aufgetragen ist. Als Namenspatron wählten die Gründer mit Bedacht den ehemaligen bayerischen Wirtschaftsminister, bayerischen Ministerpräsidenten und Vorsitzenden der Christlich-Sozialen Union Dr. Hanns Seidel († 1961), vereinte er doch in sich auf vorbildhafte Weise politische Grundsatztreue, denkerische Kraft und praktisches Organisationstalent. Die Forderung Seidels, „die Werte einer Gemeinschaftsordnung auf der Grundlage der Gerechtigkeit und Freiheit" zu bewahren und zu fördern, wurde zum politischen und geistigen Vermächtnis für die nach ihm benannte Stiftung.

Neben der politischen Bildungsarbeit betreibt die Hanns-Seidel-Stiftung auch politische Grundlagenforschung und fördert den Dialog zwischen Theoretikern und Praktikern: durch die Begegnung von Wissenschaftlern und Experten mit Politikern und anderen Entscheidungsträgern bietet sie ein Forum zur Analyse grundlegender wie auch aktuell entstandener Probleme. Doch beschränkt sich das Engagement der Stiftung nicht nur auf den inländischen Bereich. Ein großer Teil ihres finanziellen und personellen Aufwands fließt in die Entwicklungshilfearbeit; zwei von drei Mitarbeitern wirken im Ausland. Durch Projekte vor Ort in der Dritten Welt hilft die Stiftung in mehr als 70 Ländern der Erde: durch berufliche Aus- und Weiterbildung, durch Unterstützung beim Aufbau von Verwaltung und Infrastruktur, durch gesellschaftspolitische Erwachsenenbildung.

Ein weiteres wichtiges Aufgabengebiet der Stiftung ist die Förderung von Völkerverständigung und internationaler Zusammenarbeit, insbesondere im europäischen Raum und in Hinblick auf die fortschreitende Einigung Europas, aber gerade auch hinsichtlich der freundschaftlichen Beziehungen zu den Vereinigten Staaten von Amerika. Schließlich engagiert die Stiftung sich in der Studienförderung durch breit angelegte Stipendienangebote für in- und ausländische Studenten und Doktoranden; darüber hinaus umfassen die Förderprogramme auch die journalistische und medienpolitische Nachwuchsförderung.

Für die Vielzahl von Veranstaltungen, Seminaren, Akademien und Fachtagungen, die mit den geschilderten Aktivitäten im Inland verbunden sind, ist die Hanns-Seidel-Stiftung natürlich auf geeignete Räumlichkeiten angewiesen. Mit Kloster Banz verfügt die Stiftung neben dem bereits 1973 eröffneten

Staatsminister a. D. Dr. Fritz Pirkl MdEP, Vorsitzender der Hanns-Seidel-Stiftung, bei der Feierstunde zum Abschluß des dritten Bauabschnitts

Das Open-air-Konzert „Songs an einem Sommerabend“

Bildungszentrum Wildbad Kreuth nun auch im nordbayerischen Raum über eine Tagungs-, Schulungs- und Begegnungsstätte, die mit modernster Technik (Rundfunk-, Fernseh-, Rhetorikstudios) und einladenden Freizeiteinrichtungen ausgestattet ist. Insgesamt stehen nach Beendigung der Umbauten nun 165 Betten für Gäste zur Verfügung. Der Seminar- und Tagungsarbeit dienen 11 Seminarräume für Gruppen von 15 bis 200 Personen. Jährlich werden bei fast 400 Veranstaltungen rund 16000 Teilnehmer gezählt.

Eine kulturelle Bereicherung für das Umland von Kloster Banz stellen die von der Hanns-Seidel-Stiftung organisierten, jährlich stattfindenden „Banzer Kulturtage“, der „Banzer Volksmusiktag“ sowie schließlich das in Kooperation mit dem Bayerischen Rundfunk veranstaltete Open-air-Festival „Songs an einem Sommerabend“ dar.

Das Bildungszentrum Kloster Banz war gerade nach dem Fall der Mauer eine vielfrequentierte Anlaufstelle für Mitbürger aus der ehemaligen DDR. Politisch interessierte Landsleute, vor allem aus Thüringen und Sachsen, nutzten in überraschendem Ausmaß die Bildungsangebote der Hanns-Seidel-Stiftung zur politischen Information und zur weltanschaulichen Orientierung. Bei der Vollendung der „inneren Einheit“ Deutschlands wird dem Bildungszentrum Kloster Banz auch in den kommenden Jahren eine herausragende Bedeutung zukommen: als Schulungsstätte für interessierte Bürger aus allen Bundesländern; als Forum der wissenschaftlichen und politischen Diskussion; schließlich als ein Ort der Begegnung, der Vertrauensbildung und des Gesprächs zwischen Menschen aus Ost und West.

Frühere Klosterstallung, heute Hallenbad und Sporträume der Hanns-Seidel-Stiftung.
Im Vordergrund eine steinerne Sitzgruppe vom einstigen Kugelplatz der Banzer Mönche.

Geschichte der Petrefaktensammlung

Von Bernhard Kästle

Banz wurde nach der Säkularisation 1803 vollständig ausgeräumt und ausgeplündert. Herzog Wilhelm in Bayern kaufte 1814 das arg mitgenommene Kloster. Zusammen mit Herzog Wilhelm kam der Geheime Rat Carl Theodori (1788–1857) jährlich in den Sommermonaten nach Banz. Zur gleichen Zeit war der ehemalige Benediktinerpater Augustin Geyer (1774–1837) Pfarrer von Banz. Möglicherweise hatte er sich eine Sammlung von Versteinerungen angelegt, die er Theodori zeigte. Im Zeitraum zwischen 1814 und 1818 begannen Pfarrer Geyer und Carl Theodori Fossilien zu sammeln. Schenckenberg berichtet, daß Theodori seine Sammlung am 9. September 1828 als „Lokal-Petrefaktensammlung" als unveräußerliches Ganzes dem Herzoglichen Haus gestiftet hat. Es war das Ziel von Theodori, wie er selbst schrieb, nur Fossilien des Herrschaftsbereiches Banz und diese möglichst vollständig zu sammeln. Die Sammlung war somit auf Keuper, Lias und Dogger beschränkt. Pfarrer Geyer trat 1829 zur Vervollständigung auch seine Sammlung ab und vereinigte sie mit der von Theodori. Es wurde ihnen ein Kabinett angewiesen, in dem sie gemeinsam die Stücke neu und systematisch ordneten. Wahrscheinlich war die Sammlung etwa ab 1829 im obersten Stockwerk des Domestikenbaues untergebracht. Schon vor 1846 war die Sammlung so weit angewachsen, daß zu dem alten kleinen Raum ein weiterer großer hinzugenommen wurde.

Als Besonderheiten der Sammlung erwähnt Schenckenberg mehrere noch nicht genau bestimmte Arten von Fischsauriern, sehr bedeutende Reste von Meereskrokodilen, Knochen und ein Unterkiefer von einem Flugsaurier, eine große Fülle von Tintenfischschulpen und eine Sammlung mit Musterstücken aller Gesteinsschichten vom Keupersandstein bis zum oberen Dogger. Als Anhang existierte eine Sammlung von Fossilien aus den Kalken des Staffelberges.

Pfarrer Geyer betreute über viele Jahre hinweg die Sammlung von Banz. Er fand unter anderem einen wunderbar erhaltenen kleinen Fischsaurier am Fuß des Banzer Berges sowie Flugsaurierknochen. 1835 gab er aus Altersgründen seine Aufsicht über die Sammlung an seinen Nachfolger Pfarrer Joseph Murk und an den Rentamt-Aktuar Michael Herd ab. In ihrer Zeit wurden die großen Stücke der Sammlung gefunden. Pfarrer Murk entdeckte 1841 beim Durchstich einer Mainschleife am Fuß des Banzer Berges bei Unnersdorf den größten Fischsaurierschädel von Europa, 1843 fand er ein Meereskrokodil. Durch die Stücke von Murk und Herd wurde, wie Theodori 1854 schreibt, die Sammlung ansehnlich vergrößert.

Carl Theodori bearbeitete die Stücke der Sammlung wissenschaftlich und schrieb einige Veröffentlichungen. Aufgrund von seinen Beziehungen zu den bekannten, an Fossilien interessierten Wissenschaftlern und Laien der damaligen Zeit und aufgrund der einmaligen Stücke war die Sammlung im 19. Jahrhundert in ganz Europa bekannt.

Unter der Leitung von Theodori wurden die Stücke 1856 aus dem Domestikenbau in große Räume im Parterre des Abteibaues umgeräumt und in damals moderner Form aufgestellt. In dieser Ausstellungsweise war die Sammlung bis 1933 der Öffentlichkeit zugänglich. Als das Kloster 1933 in die Hände der Gemeinschaft von den Heiligen Engeln überging, räumte man die Sammlung um. Man pferchte sie in viel zu kleine Räume im Torbereich, wo sie bis 1987 blieb. Die Stücke waren kaum beschriftet und die Vitrinen oft dicht mit Einzelobjekten bestückt. In dieser Zeit ging manches kleinere Stück verloren.

Ab Juni 1987 wurde die inzwischen ziemlich verkommene Sammlung im Zuge der Sanierung des Klosters durch die Hanns-Seidel-Stiftung abgebaut und gründlich renoviert. Im Juli 1988 fand die Neueröffnung in den jetzigen Räumen im 1. Kellergeschoß des Sammlungsbaues statt.

Fischsaurier (Ichthyosaurier)

Der berühmte Fischsaurierschädel von Banz ist mit einer Länge von 2,10 Meter der größte Schädel von einem Fischsaurier, der bisher in Europa gefunden wurde. Das gesamte Tier hatte eine Körperlänge von etwa 12 Metern. Pfarrer Murk entdeckte 1841 den Oberschenkelknochen von diesem gigantischen Fischsaurier beim Durchstich einer Mainschleife bei Unnersdorf, am Fuße des Banzer Berges. Daraufhin trug man bis zu 12 Meter Gestein ab, um an das zerfallene Skelett und den gut erhaltenen Schädel zu kommen. Das Stück wurde in der Petrefaktensammlung von Banz aufgestellt und ist seit dem eine Attraktion des Museums. Der Schriftsteller und Jurist Viktor von Scheffel besucht 1859 die Sammlung und schrieb daraufhin das originelle Gedicht über das Aussterben der Saurier „Der letzte Ichthyosaurus".

Fischsaurier sind Reptilien, Verwandte der heutigen Eidechsen, die im Wasser lebten. Die Vorfahren der Fischsaurier waren Landbewohner, die wie alle Reptilien vier Füße und einen langen Schwanz hatten. Der Körper der Landreptilien paßte sich während der weiteren Entwicklung zusehends dem Leben im Wasser an. Der mehr oder weniger gerade Schwanz hatte anfänglich einen breiten Kamm aus Bindegewebe. Dieser Kamm wurde im Verlauf der weiteren Entwicklung zur oberen Hälfte einer gleichseitigen Schwanzflosse verbreitert. Zur Stabilisierung des Körpers beim Schwimmen bildete sich am Rücken eine Flosse aus Bindegewebe. Die Körpergestalt der Fischsaurier mit Schwanzflosse, zwei paarigen Paddeln und einer Rückenflosse gleicht der eines Fisches. Der Körperumriß der Fischsaurier ist durch Funde mit Hauterhaltung aus dem Gebiet von Holzmaden belegt. Die Fischsaurier hatten Lungen, da ihre Vorfahren Landtiere waren. Sie mußten also wie die heutigen Wale immer wieder zur Meeresoberfläche aufsteigen, um Luft zu schöpfen.

Normalerweise legen Reptilien ihre Eier auf dem Land ab, wo sie in der Sonnenwärme ausgebrütet werden. Die dauerschwimmenden, heute lebenden Wasserschildkröten gehen nur noch zur Eiablage an das Land. Die Fischsaurier waren jedoch so stark an das Wasserleben angepaßt, daß sie sich auf dem Land nicht mehr fortbewegen konnten. Sie mußten somit eine andere Möglichkeit der Fortpflanzung entwickeln. Die Eier reiften im Leib heran, bis die Jungtiere vollständig entwickelt waren. Die Jungen schlüpften bei der Geburt vermutlich noch im Mutterleib aus der Eihülle. Die neu geborenen Tiere stiegen sofort an die Wasseroberfläche, um zu atmen.

Die Zähne der Fischsaurier sind spitz kegelförmig und sehr zahlreich. Sie steckten nicht, wie bei den Säugetieren, in einzelnen Löchern im Kiefer, sondern waren in einer Rinne am inneren Kieferrand befestigt. Alte oder ausgebrochene Zähne wurden regeneriert. Beim Reptilauge ist hinter der Iris ein Ring aus Knochenplatten eingebaut. Dieser Knochenring liegt beim Fossil in der Augenhöhle. Dadurch behält das Auge seinen typischen Charakter bei und ist nicht, wie bei den Säugetieren, eine leeres Loch im Schädel.

Die Fischsaurier ernährten sich von Fischen und Tintenfischen. Vermutlich waren es keine gefährlichen Räuber wie die Haie, sondern eher friedliche Tiere wie die Delphine.

Der letzte Ichthyosaurus.

Es rauscht in den Schachtelhalmen,
Verdächtig leuchtet das Meer –
Da schwimmt mit Tränen im Auge
Ein Ichthyosaurus daher.

Ihn jammert der Zeiten Verderbnis,
Denn ein sehr bedenklicher Ton
War neuerlich eingerissen
In der Liasformation.

Der Plesiosaurus, der Alte,
Der jubelt in Saus und Braus,
Der Pterodactylus selber
Flog neulich betrunken nach Haus.

Der Iguanodon, der Lümmel,
Wird frecher zu jeglicher Frist:
Schon hat er am hellen Tage
Die Ichthyosaura geküßt.

Mir ahnt eine Weltkatastrophe,
So kann es ja länger nicht geh'n!
Was soll aus dem Lias werden,
Wenn solche Dinge gescheh'n?"

So klagte der Ichthyosaurus,
Da ward ihm so kreidig zu Mut,
Sein letzter Seufzer verhallte
In Qualm und zischender Flut.

Es starb zu derselben Stunde
Die ganze Saurierei;
Sie kamen zu tief in die Kreide,
Da war's natürlich vorbei.

Und der hat gesungen
Dies petrefaktisch Lied,
Der fand's als fossiles Albumblatt
Auf einem Kropolith.

Viktor v. Scheffel

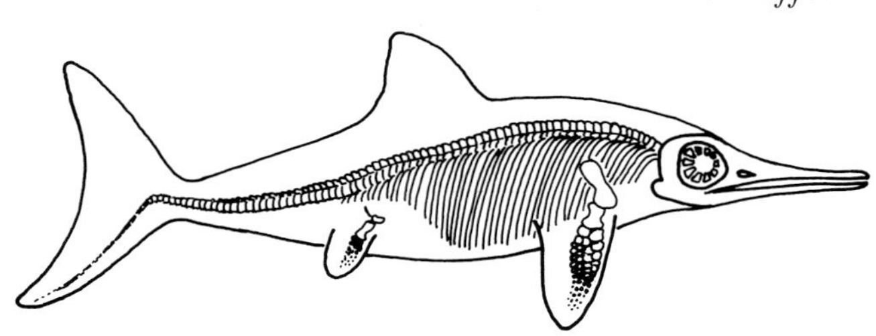

Ichthyosaurier-Schädel

Man tritt durch ein ansehnliches Thor in einen geräumigen Vorhof, wo seitwärts die Wirthschaftshöfe und andere nöthige Gebäude liegen. Zu Ende des Hofes steigt man auf einer wohlangelegten steinernen Freytreppe in die Abtey. — *Friedrich Nicolai, 1783*

Zur Kunstgeschichte des Klosters Banz

Die vorbarocke Klosteranlage

Bis ins 18. Jahrhundert ließ die Klosteranlage noch deutlich erkennen, daß sie aus einer Burg hervorgegangen war. Dabei hatte Banz allein im 16. Jahrhundert mehrere Umbauten erfahren. 1505 hatte ein Brand das Kloster verwüstet; im folgenden hatten Abt Johann Schütz von Hachenbach und sein Konvent die betroffenen Gebäude allmählich erneuert. Nachdem Banz im Bauernkrieg erneut in Schutt und Asche gelegt worden war, hatte sein Nachfolger, Alexander von Rotenhan, die Kirche und zahlreiche Klosterbauten von neuem errichtet. Als diese Anlage durch einen Brand im Jahr 1556, durch das Desinteresse des Abtes Georg Truchseß am Bestand des Klosters und wohl auch durch die Auseinandersetzungen zwischen Bamberg und Würzburg schwer gelitten hatte, waren die zerstörten und beschädigten Gebäude von 1575 bis 1582 wiederhergestellt worden.

Trotz all dieser Baumaßnahmen behielt das Kloster bis zum barocken Neubau sein wehrhaftes, burgähnliches Gesicht; die Lage auf einem Bergsporn hoch über dem Maintal verstärkte diesen Eindruck noch. Darstellungen des 17. Jahrhunderts führen uns die vorbarocke Klosteranlage vor Augen (siehe S. 48 f.): Dem Eingangstor war ein Zwinger mit vier Ecktürmen vorgelagert. Im äußeren Hof des Klosters, den man durch das Tor betrat und der größtenteils von der turmbewehrten Außenmauer umschlossen war, befanden sich die meisten Wirtschaftsgebäude: Ställe, Scheunen, ein Heuschober, das Hühnerhaus, das Brauhaus, der Weinkeller, das Rüsthaus. Ferner waren in diesem Hof der Garten des Abtes und der des Priors angelegt.

Durch eine Mauer war ein kleinerer Hof abgetrennt, um den sich eine Kirche – nicht die Klosterkirche –, die Kanzlei, repräsentative Gebäude wie die kleine und die große „Tafelstube", ein Turm, der die Abtskapelle barg, und wohl auch Wohngebäude gruppierten; ferner befand sich in diesem Hof der Eingang zum Bierkeller.

Hinter den Gebäuden auf der Südseite dieses Hofes standen die Klosterkirche mit dem Kreuzgang und der angebauten Michaels-Kapelle, das Dormitorium mit den Zellen der Mönche, der Konventsbau, der Fürstenbau mit größeren Sälen, das Priorat mit der Schule.

Außerhalb der Klostermauern ist auf einer Karte aus dem Jahr 1661 im Osten das Haus des Sekretarius zu sehen, der die klösterliche Verwaltung leitete und die Abtei in Rechtsfragen beriet. Auf einem Plan von 1774 erscheint dieses Gebäude als „Kochs-Haus".

Im Nordwesten der Klosteranlage stand die Ägidius-Kapelle. Diese Kapelle, von einem Friedhof „für die Dienstboten" des Klosters umgeben, war wohl hochmittelalterlichen Ursprungs; erwähnt wird sie erstmals 1382. Nach Sprenger soll sie sogar „die älteste Kirche zu Banz" gewesen sein; sie sei „von den ersten Grafen daselbst erbauet worden, noch ehe man an ein Closter dachte". In ihr wurde bis 1720 Gottesdienst „für die weltlichen Hausgenossen und nächsten Anwohner gehalten". Einige Zeit später wurde das baufällige Gotteshaus bis auf die Außenwände abgetragen, die „nur zum Andenken" stehen blieben. Diese Reste des letzten Klostergebäudes aus vorbarocker Zeit verschwanden zwischen 1823 und 1833.

Die Entstehung der barocken Neubauten

Abt Eucharius Weiner (reg. 1677–1701) – einer der vielen fränkischen Äbte, die im späten 17. oder frühen 18. Jahrhundert darangingen, barocke Klosteranlagen errichten zu lassen – begann mit den Planungen für den Neubau seines Klosters.

Der von ihm beauftragte Bamberger Architekt Leonhard Dientzenhofer (1660–1707), dessen Anwesenheit in Banz erstmals 1698 nachzuweisen ist, legte spätestens in diesem Jahr, vielleicht schon 1695 einen Entwurf vor.

Leonhard war der zweitjüngste der fünf Dientzenhofer-Brüder, die, als Bauernsöhne am Fuß des Wendelsteins geboren, im späten 17. und frühen 18. Jahrhundert die barocke Baukunst in Franken, in Böhmen und in der Oberpfalz entscheidend geprägt haben. Leonhard hatte, nach einigen Jahren in Prag, 1685 am Bau der Klosteranlage von Waldsassen mitgewirkt, den seit diesem Jahr sein Bruder Georg (1643–1689) geleitet hatte. 1686 erscheint Leonhard bereits als Maurermeister in Amberg und Baumeister der neuen Anlage des Prämonstratenserstiftes Speinshart. Den Bau der Bamberger Jesuitenkirche (der heutigen Martins-Kirche), die Georg entworfen hatte, hatte Leonhard wahrscheinlich ab 1687 geleitet. In diesem Jahr hatte die Zisterze Ebrach ihn, obwohl erst 27 Jahre alt, mit der Aufgabe betraut, eine neue Klosteranlage zu planen. Deren

Bau leitete er vom Beginn im Jahr 1688 mindestens bis 1704/05 selbst. Im Auftrag von Ebrachs Tochterkloster Langheim hatte er Pläne für den Amtshof Tambach und vermutlich auch für Teile des Konventsbaus sowie für den Gutshof Nassanger entworfen. Außerdem hatte sich Leonhard Dientzenhofer, seit 1690 Hochstiftsbaumeister, durch die Neue Residenz in Bamberg (Baubeginn 1695) einen Namen gemacht.

Für Banz sah Leonhard Dientzenhofer zunächst vor, nordwestlich der alten Kirche – die stehen bleiben sollte – ein vierflügeliges Gebäude zu errichten und dessen Westflügel bis zur Mainterrasse zu verlängern; der Nordflügel sollte beinahe dieselbe Länge einnehmen wie der tatsächlich errichtete Abteibau. (Enthalten war in diesem Konzept ein Kreuzgang, der in späteren Planungen nicht mehr erscheint; Banz war seit dem frühen 18. Jahrhundert ein Kloster ohne Kreuzgang.) Durch die beschriebene Planung sollte „auf relativ sparsame Weise das Verlangen nach einer zeitgemäßen Klosteranlage“ erfüllt werden (Hotz).

Die Arbeiten begannen 1698. Dabei wurde jedoch nicht das ursprüngliche Projekt Leonhard Dientzenhofers verwirklicht. Für sein neues, nur zum Teil umgesetztes Konzept fehlen seine Pläne, jedoch ist es auf dem Deckenbild des Fürstenzimmers (siehe S. 54 f.) zu sehen. Gegenüber dem ersten Konzept wurde der Klosterkomplex vergrößert; neben dem langen Nordtrakt waren drei Querflügel (und mithin zwei Innenhöfe) vorgesehen. Ferner sollte eine neue, bescheidene Kirche mit turmloser Westfassade gebaut und lediglich der Turm der alten Kirche erhalten werden. An ihrer Stelle sollte ein zweistöckiger Bau entstehen.

Den Baumaßnahmen gingen umfangreiche Abbrucharbeiten voran. Das erstes Gebäude ließ Abt Weiner das – im 19. Jahrhundert abgerissene – Krankenhaus an der nordöstlichen Ecke der Klosteranlage errichten. Spätestens 1701 war es fertiggestellt. 1701 begannen die Arbeiten am Abteigebäude; 1704 waren sie abgeschlossen. Es fehlte freilich noch der östliche Teil, der Saalflügel.

Im August 1704 schlossen das Kloster und Leonhard Dientzenhofer einen Vertrag über den Bau eines Querflügels – des mittleren –, in dem das Refektorium untergebracht wurde. Im August 1706 folgte ein Akkord über die Verlängerung des Abteibaus um rund 23 Meter nach Osten und den Bau des östlichen Quertraktes, der die Zellen der Mönche aufnahm. Diese Arbeit konnte Leonhard Dientzenhofer nicht mehr abschließen; er starb am 18. November 1707.

1708 oder 1709 übernahm der jüngste Dientzenhofer-Bruder, Johann (1663–1726), die Planung und die Bauaufsicht. Johann hatte in Prag bei Abraham Leuthner, einem der namhaftesten Barockbaumeister Böhmens, gelernt, 1698 im Kloster Michelsberg als Polier seines Bruders Leonhard gearbeitet und anschließend Architekturstudien in Italien getrieben. 1700 hatte ihn der Fürstabt von Fulda zu seinem Stiftsbaumeister ernannt. In Fulda hatte er den Dom (begonnen 1704) und das Schloß (begonnen 1707) geplant.

Nachdem er in Banz die von seinem Bruder begonnenen Bauten fertiggestellt hatte, entwarf er 1709 den Plan für die Klosterkirche. „Die berühmte Kirche, deren Grundstein 1710 gelegt wurde, verrät sich schon durch die geschickte Ausnutzung der landschaftlichen Lage und durch die Gestaltung des Außenbaus mit einer hochragenden Doppelturmfassade von weitem als Meisterwerk. Wie das Benediktinerstift Melk das Donautal, so beherrscht in entsprechend kleinerem Maßstab Banz das Obermaintal“ (Korth).

Im Inneren hat Dientzenhofer durch die kurvierten, durch Kapellen unterbrochenen Wandflächen und namentlich durch die Gewölbebildung einen Raumeindruck geschaffen, den Richard Teufel wie folgt geschildert hat: „Der Innenraum, der sich dem Eingetretenen dunkel unter der Orgelempore auftut, führt zwischen mächtigen Pfeilern, unter lebhaft bewegtem Gewölbe, in lichte Tiefe. Kuppeln scheinen sich zu reihen, Wände bauschen sich nach außen, Balkone dringen gegenläufig nach innen, Gurte steigen schräg ins Gewölbe hinein. Unter der ‚Hauptkuppel‘ ist geheimnisvoll der Mittelpunkt des Raumes, um den sich alle Teile ordnen, auf den sie bezogen sind; vier Kapellennischen empfangen den Strom, geben ihm Sinn und Weisung zum Hochaltar, durch dessen Triumphsäulen hindurch er weiterschwingt in den Mönchschor hinein.“

Der Hochaltar, der, ohne Altarblatt, den Blick freigibt auf das Blatt des Choraltars, geht sicherlich auf eine Idee Dientzenhofers zurück.

Die Bedeutung der Klosterkirche hat nicht erst die moderne Kunstgeschichte erkannt. Schon Roppelt schrieb 1801 stolz, sie sei „zwar nicht gar groß“, habe „aber in Rücksicht auf ihre treffliche perspectivische Bauart und [ihr] künstliches Gewölbe wenige ihres gleichen in Franken“.

Der Rohbau war Ende 1713 fertiggestellt; ab 1714 schlossen Stuckierung, Ausmalung und Ausstattung sich an. 1715 beauftragten Abt und Konvent Johann Dientzenhofer – seit 1711 Hochstiftsbaumeister in Bamberg –, die Krypta unter der Kirche

Schmiedeeisernes Ziergitter im Abteibau
In der Bekrönung das Amtswappen des Abtes
Valerius Molitor (reg. 1768–1792)

erheblich zu erweitern und die Treppe zum Kirchenportal zu errichten; 1718 wurde die Westfassade der Kirche vollendet. Am 19. Oktober 1719, wenige Monate vor dem Tod des Bauherrn, des Abtes Kilian Düring, konsekrierte der Würzburger Weihbischof das Gotteshaus.

Bereits 1717 hatte das Kloster mit dem Bau des westlichen Querflügels begonnen; spätestens 1724 war er bezugsfertig.

Ausgeführt wurden die Bauten zunächst unter dem Polier Valentin Schellenberger – in Banz nachzuweisen seit 1701 –, nach dessen Tod 1712 übernahm Simon Fischbacher die Position des Poliers. Den Dachstuhl der Kirche fertigte 1713 der Bamberger Zimmermann Wolfgang Gruber († 1724); die Dachdeckerarbeiten übernahm der Schieferdecker Johann Andreas Kries aus Lehesten.

Als klösterlicher Bauinspektor fungierte wenigstens bis 1719 der langjährige Cellarius Marian Lützelberger (1654–1723). Er hatte sich vornehmlich um die finanziellen Fragen zu kümmern.

Die Bausteine kamen aus einem Steinbruch nördlich des Klosters. Der benötigte Kalk wurde in einem wenige Meter von der Klostermauer entfernten Ofen gebrannt.

In den 20er Jahren beanspruchten Bauten außerhalb von Banz – das Schloß Buch und der Hof Gnellenroth (siehe S. 200 und 206) – sowie die Ausstattung der Kirche wohl die wirtschaftliche Kraft der Abtei, so daß der Weiterbau an der Klosteranlage in den Hintergrund trat. Abt Lurz ließ allerdings 1728 die alte Klosterkirche abbrechen und durch den Staffelsteiner Maurermeister Johann König († 1751) den östlichen Teil der Terrasse mit der hohen Stützmauer bauen, wohl nach Plänen des Mainzer Architekten Anselm Franz von Ritter zu Grünstein. (Auf dieser Terrasse hatten elf Konventualen kleine Gärtchen.) 1729 wurde bereits mit dem Bau eines Gebäudes auf dem Platz der abgebrochenen Klosterkirche, parallel zum Abteibau, begonnen. Ausgeführt wurde es von Königs Schwiegersohn, dem aus Eggolsheim stammenden Simon Weber (ca. 1695–1737). Ferner entstand unter Abt Lurz wohl eine große Scheune gegenüber der Kirchenfassade.

Abt Gregor Stumm ließ schon bald nach seiner Wahl den talseitigen Bau verlängern, vielleicht auch – falls er nicht schon dreistöckig war – um ein Stockwerk erhöhen. Zur Erweiterung hatte ihm der berühmte Würzburger Architekt Balthasar Neumann (1687–1753) geraten.

Dieser Trakt diente als Konventsbau. Damit wurde der östliche Querflügel frei. Ihn ließ Abt Stumm im folgenden zum

Abt Kilian Düring (reg. 1701–1720)

Bibliothekstrakt umgestalten; durch die Beseitigung mehrerer Zwischenwände und das Herausnehmen einer Decke gewann man einen durch zwei Stockwerke reichenden Saal von fünf Fensterachsen Länge, den ab 1735 der Wiesentheider Schreiner Neßtfell einrichtete.

Der Vorhof des Klosters hatte um 1750 immer noch die Gestalt, wie wir ihn von Plänen des 17. Jahrhunderts kennen. Abt Stumm begann mit dem Neubau. Er ließ Teile der alten Klostermauer niederreißen und den westlichen Eckpavillon mit einigen daran anschließenden Achsen bauen. Die Pläne

Nun führte uns der Prälat selbst in seine Capelle.
Niedlich und klein – aber ganz dazu gemacht – um in friedlicher Stille
zum Herrn aller Herren den Geist empor zu heben.
Ehregott Friedrich Adam Meyer, 1801

Fürstenzimmer

Heute wurden wir in den großen, wirklich schönen Speise-Saal geführt, der seiner Größe, der artigen Decken-Stücke, der gefälligen Helle und Kühlung und der schönen Aussicht wegen, mit Recht unter die Merkwürdigkeiten des Klosters gerechnet werden kann.
Ehregott Friedrich Adam Meyer, 1801

Amtswappen des Abtes Kilian Düring über dem Kirchenportal

Zu Seite 114/115
Dachstuhl der Klosterkirche

hatte Johann Thomas Nißler (1713–1769) geliefert, der, aus Floß kommend, 1739 die Witwe des Staffelsteiner Maurermeisters Simon Weber geheiratet hatte; Neumann hatte seine Planung überarbeitet.

Ferner ließ Abt Stumm westlich des Vorhofs eine neue Terrasse anlegen und auf ihr ein winkelförmiges Gebäude errichten, das die Schule, das Spital und die Wohnung des klösterlichen Registrators aufnahm.

1770 wurde die Bautätigkeit, nachdem sie wohl einige Jahre geruht hatte, wieder aufgenommen. Als Baumeister wirkte nun der Staffelsteiner Sebastian Weber (1730–1783), der Enkel Königs, Sohn Simon Webers und Stiefsohn Nißlers. Der Westflügel des Vorhofs, der Wirtshaustrakt, der östliche Eckpavillon wurden aufgerichtet. 1772 entstand der Ostflügel; er wird auch Hungerbau genannt, da er in einem von Mißernten geprägten Jahr gebaut wurde und den am Bau Beteiligten den notwendigen Verdienst verschaffte. Die Bauten im Vorhof beherbergten die Klosterapotheke, Wohnungen für mehrere Klosterdiener, seit den 90er Jahren das Naturalienkabinett, Räume für Gäste des Klosters. Ebenfalls 1772 wurde mit dem Torbau der Vorhof abgeschlossen, den Richard Teufel wie folgt charakterisiert hat: „Dieser Hof, zwar allseits von klösterlichen Gebäuden umgeben, ist doch kaum mehr ein geschlossener Raum, den die Mauerwände zwingen; er ist eigentlich nur Vorraum, nur Vorbereitung auf den Abtsbau, der sich dem Eingangstor gegenüber beherrschend erhebt."

Die doppelrampige Auffahrt zum Portal der Abtei und die Giebelfassade, die dem Dientzenhofer-Bau vorgeblendet wurde – Weber hatte ursprünglich sogar einen Portikus geplant –, entstanden zwischen 1772 und 1775.

Den Mittelpunkt des Hofes bildete eine spätestens 1774 geschaffene Brunnenanlage zwischen den beiden Rampen, die eine Statue des Klosterpatrons Dionysius zierte. Gespeist wurde dieser Brunnen anfangs aus zwei Quellen, deren eine mehrere Kilometer von Kloster entfernt war; die Wasserleitung aus hölzernen Rohren hatte Abt Stumm bauen lassen.

Zwischen 1768 und 1774 wurden auf der Terrasse im Westen des Vorhofs Ställe und Scheunen errichtet. An der Südostecke des Klosterbezirks, gegenüber dem Kirchenportal, baute Abt Molitor weitere landwirtschaftliche Nutzgebäude sowie Werkstätten (Kelterhaus, Heustadel, Wagenremise, Wagnerei, Schreinerei). Vermutlich um 1780 wurde östlich des Vorhofs, dort, wo Herzog Wilhelm später seinen Marstall bauen ließ, ein weiterer Wirtschaftshof mit Viehstall, Schafstall, Scheune und Schmiede angelegt.

Grundriß des Klosters Banz von Johann Baptist Roppelt. Ausschnitt aus seiner „Topographische[n] Beschreibung aller derjenigen Ortschaften, in welchen […] das Kloster Banz die Lehen- oder Vogtei-Herrschaft, Zehende, oder etwas Eigenthümliches besitzet“, gezeichnet 1786.

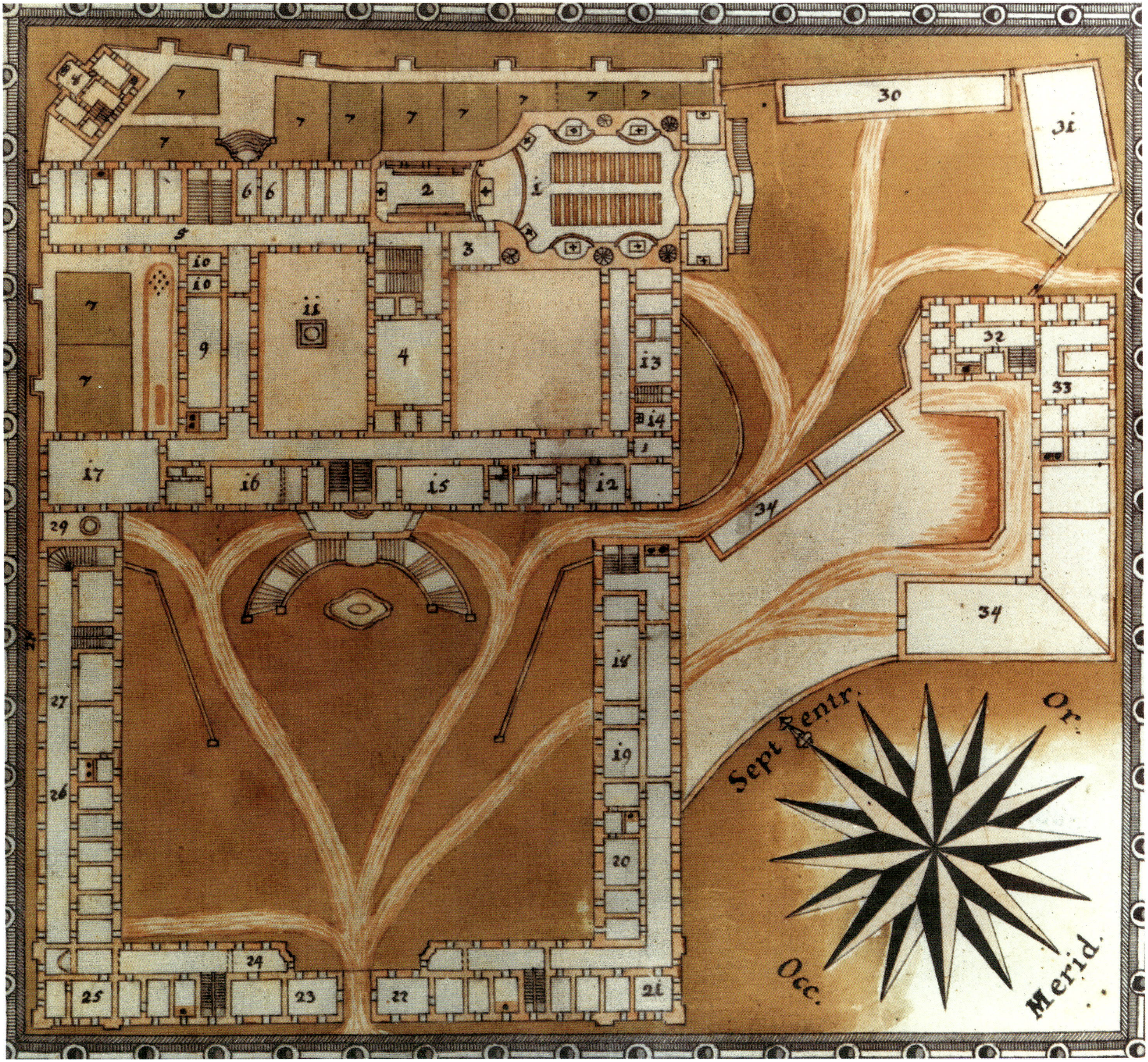

Mag die Klosteranlage auch noch so geschlossen erscheinen: 70 Jahre war Banz eine Baustelle, und die Anlage hat während dieser Zeit mehrere Umplanungen erfahren; das Ergebnis war nicht von vorneherein vorgesehen.

Ab 1813 wurde das einstige Kloster von Herzog Wilhelm in Bayern zu einem Schloß umgebaut (siehe S. 83). Die damit verbundenen Eingriffe beeinträchtigten den klösterlichen Charakter der Anlage freilich nicht allzusehr, sieht man davon ab, daß der Bibliothekssaal vernichtet wurde und die landwirtschaftlichen Nutzgebäude verschwanden, die ja zu einem jeden Kloster gehörten.

Gartenanlagen

Außerhalb der Klostermauern befanden sich zwei Anlagen, die der Erholung des Abtes, der Mönche und der Gäste dienten. Im Nordwesten des Klosters, auf den Wald zu, befand sich, wie der Mönch Johann Baptist Roppelt 1801 berichtete, „ein ziemlich großer Oekonomiegarten, [...] Terrassenweise aufsteigend", den ein „Theatralischer Aushieb" im Wald abschloß; dieser war 1775 nach Anweisungen Roppelts geschaffen worden. Ein Weg führte in den Wald hinein „zu einem Recreations-, Kegel- und Schießplatz" mit fünf steinernen Tischen und Ruhebänken. Abt Lurz hatte ihn 1730 als „den neuen Spihlplatz pro Conventualibus" anlegen lassen.

Scheffel hat diesem Platz in seinem „Waldpsalm" ein literarisches Denkmal gesetzt:

„Wandelt zur Lichtung der Höhe empor!
Das ist der Waldesbasilika Chor:
Felsen, zu Steintisch und Bänken geschlichtet,
Stehen dort kunstreich im Fünfeck errichtet.
Heil dir, o Platz, der Erholung geweiht,
Buchenumfriedete Einsamkeit!"

Noch 1956 wiederhergestellt, besteht dieses kulturgeschichtliche Denkmal heute nicht mehr.

Am Südhang des Banzberges, unterhalb der großen Terrasse, auf Hausen zu, legte 1781/82, vermittelt durch den Konventualen Beda Ludwig, dessen Schwager, der staufenbergische Schloßgärtner Simon Pelpel aus Greifenstein, einen aus sechs Terrassen bestehenden Garten an. Ein Altenbanzer Schneider, Johann Georg Zeun, fertigte 1788 eine siebte Terrasse. Im folgenden Jahr wurde eine steinere Treppe gebaut, für die Johann Baptist Roppelt einen Entwurf geliefert hatte. 1789/90 wurde die für den Konvent bestimmte Anlage auf Betreiben des Priors Placidus Sprenger um vier Terrassen erweitert, die als Landschaftsgarten gestaltet wurden.

Stolz berichtete Sprenger im Januar 1791 dem Würzburger Professor Franz Oberthür: „Es ist nämlich auf meine Veranstaltung der neue Konventsgarten den ganzen Berg hinab geführt, und unten, soweit die Lage es zugab, englisch angelegt und mit vielen amerikanischen Bäumen bepflanzt worden. In einer buschichten Gegend ist ein Kirchhof errichtet, den seine Thür schon in der Ferne ankündiget." Ein vorgeblicher Grabhügel „mit einem Kreuz", auf den „eine Rosenweide und eine Cypresse" gepflanzt waren, erinnerte an den 1780 verstorbenen, von Sprenger hoch verehrten Columban Rösser (siehe S. 69) – seine wirkliche Ruhestätte hatte er in der Würzburger Universitätskirche gefunden –, ein anderer an den österreichischen Feldmarschall Gideon Ernst von Laudon (1717–1790), der im Jahr vor seinem Tod Belgrad von den Türken erobert hatte. Ferner stand im „Kirchhof" eine von dem Bamberger Bildhauer (Martin ?) Mutschele überarbeitete Sandsteinsäule. „Nahe an dem Kirchhof" lag Sprengers „Eremitage samt einem eingeschlossenen Gärtchen", in dem er 70 verschiedene Sorten Rosen pflanzte; da die meisten von ihnen noch keinen Namen hatten, benannte er sie nach seinen Mitbrüdern und nach Freunden (z.B. Ildephonsa nach Ildephons Schwarz oder Brieglebia nach dem Coburger Rektor Briegleb). Einige Jahre später hatte jedes „Rosengesträuch [...] auf einem kleinen Blech den Namen und die Nummer" (Baader).

Der Erlanger Professor Ernst Wilhelm Martius, der Banz 1793 besuchte, lobte den gesamten Garten: „Die angenehmste Unterhaltung, die ich in Banz fand, ist die am Klosterberge gelegene Eremitage [...]. Viele Stellen sind mit starkem Gebüsche bewachsen, in welchem Irrgänge, Ruhebänke, Nieschen mit Statuen usw. angebracht sind. Weiter unten, wiewohl noch weit vom Fuße des Berges entfernt, befindet sich ein kleines fingiertes Dörfchen mit vielen artigen Anlagen, welches die Geistlichen Hattersdorf nennen. Die Häuschen bilden von außen kleine Bauernhäuser, welche aber inwendig manche niedliche Einrichtung enthalten, sogar ein fingierter Gottesacker ist dabei mit angebracht, in welchem der P. Placidus Sprenger sich selbst ein Epitaphium gesetzt hat."

Auch Klement Alois Baader erwähnte 1797 die Gartenhäuser: „Am Fuße des Berges ist ein englischer Garten angelegt, der ein artiges Dörfchen enthält, dem man den Namen Haddersdorf gab. Die kleinen Häuser stellen von außen Bauernhütten vor, und sind von innen niedliche Sommerhäuser." Der Name „Hattersdorf" oder „Haddersdorf" war übernommen vom Landsitz des Feldmarschalls Laudon, Hadersdorf bei Wien.

Die Häuschen hatte wohl Johann Baptist Roppelt entworfen. Belegt ist zumindest, daß er sich 1791 eine „Eremitage" in seinem Garten baute, der vermutlich zu einer der Terrassen gehörte, und 1792 Pläne für ein Gartenhaus entwarf, das der Abt im neuen Konventsgarten aufstellen wollte.

Im 19. und 20. Jahrhundert verfiel die gesamte Gartenanlage. Bereits vor einigen Jahrzehnten waren nur noch überwucherte Reste der Terrassen zu erkennen. 1968 wurden Überbleibsel des bildhauerischen Schmucks – so eine Allegorie des Winters und eine ornamentale Urne – gefunden.

*

Im folgenden sollen die wichtigsten Künstler vorgestellt werden, die die von Leonhard und Johann Dientzenhofer, von Nißler und Weber errichteten Bauten schmückten und ausstatteten.

Der Stukkator

Den Stuck im Abteibau und in der Kirche schuf der Bamberger Hofstukkator Johann Jakob Vogel († 1727), der seit 1686 in Bamberg nachzuweisen ist. 1702 schloß das Kloster mit ihm einen Akkord über die Stuckierung der Abtskapelle und der Zimmer an der Nordwestecke der Abtei; 1705 schmückte Vogel fünf Räume, darunter das Fürstenzimmer, 1709 den Kaisersaal, 1714 die Kirche. Das Kloster zahlte ihm dafür (ohne Trankgeld) 1220 Gulden.

Mit Leonhard Dientzenhofer arbeitete Vogel auch in Bamberg zusammen; hier stuckierte er die von ihm errichtete Neue Residenz zu Bamberg. Vogel erreichte mit seinem Stuck – so Korth mit Blick auf den Bamberger Kaisersaal – „nicht die Erfindungskraft und souveräne Beherrschung des Materials wie die italienischen Wanderwerkstätten der Brenno in Ebrach oder der Lucchese in Coburg. Vogels Stuck haftet bei allem Reichtum etwas Gequältes und Unfreies an – nicht nur bei den Stuckplastiken, an denen sich diese Schwäche freilich besonders klar erweist."

Bildhauer

Mit den Bildhauerarbeiten, die ab 1713 anfielen, betrauten Abt und Konvent den aus Bayern kommenden und in Würzburg lebenden Bildhauer Balthasar Esterbauer (1672–1728), der zuvor schon für Dom und Residenz in Würzburg sowie für die Stiftskirche Komburg gearbeitet hatte.

1713 bestellte das Kloster bei ihm sechs hölzerne Figuren – sicherlich die hll. Wolfgang, Kilian, Otto, Ildefons, Bonifatius, Gregor, die in den Wandpfeilernischen stehen – und elf Statuen aus Sandstein für die Kirchenfassade: die vier Nischenfiguren in der Erdgeschoßzone – die Kirchenpatrone Dionysius und Petrus, Paulus (als Pendant zu Petrus) und der Diözesanpatron Kilian –, Allegorien von Fides, Spes und Caritas (Glaube, Hoffnung und Liebe), die auf dem die Säulen der Mittelachse zusammenfassenden Giebel sitzen, und eine Marienstatue mit zwei flankierenden Engeln, die die Fassade krönt.

1714 beauftragte das Kloster Esterbauer, sieben „Statuen und 4 Engelskindlein" sowie „Laubwerck, Furhang und dergleichen" für die Kanzel zu schnitzen. Für den Hochaltar schuf Esterbauer die überlebensgroßen Statuen von Petrus und Paulus, die Bekrönung des Altars – die Verherrlichung des hl. Benedikt –, Engel, zwei Reliefdarstellungen von Heiligen aus dem Benediktinerorden und die reichen Ornamente, für den Choraltar Putten und Bandwerkschnitzereien. Die Arbeit an beiden Altären brachte ihm stattliche 1000 Gulden ein.

1721 lieferte Esterbauer den Marien-, den Kreuz-, den Benedikts- und den Schutzengel-Altar (wobei er die Schreinerarbeiten wohl vergab); für jeden Altar erhielt er, wie mit dem verstorbenen Abt Düring vereinbart, 200 Gulden, wenn dieser Preis dessen Nachfolger Benedikt Lurz auch überhöht schien.

Nach dem Tod des Würzburger Bildhauers im Jahr 1728 übertrug Banz die Bildhauerarbeiten Johann Thomas Wagner (1691–1769). Wagner kam aus Gebsattel bei Rothenburg, hatte als Geselle bei Esterbauer gearbeitet und sich um 1722 als Meister in Obertheres, im Schatten der Benediktinerabtei Theres, niedergelassen. Noch in Esterbauers Todesjahr gab die Abtei bei ihm den – nicht mehr vorhandenen – Hochaltar-Tabernakel in Auftrag, „als das Postament mit der Weltkugel, Englen, Wolken, Zodiaco, Gottvatter, Fide und Religione, mit vielen Engelskopfen gezieret". Ebenfalls 1728 stellte Wagner den Dreikönigs- und den Nothelfer-Altar auf. „Die beiden Altäre und ihr Figurenschmuck sind der absolute Höhepunkt

Es liegt diese Abtei auf einem hohen, mit vielen Büschen und Feldern umgebenen Berge, an dem unten der Main vorbeiströmt […].

Friedrich Carl Gottlob Hirsching, 1792

Das Kloster selbst ist von Grund aus neu auf eine symmetrische Art gebaut. Das Hauptgebäude stellt ein reguläres Viereck vor, welches in seiner längsten Seiten die Abtey, in den drey übrigen aber nebst dem schönen Thor, die Kanzley, Apotheke und Wohnungen der Domestiken enthält. Mit der Abtey lauft der Convents- und Kirchenbau parallel, welcher durch drey Quergebäude, welche die Bibliothek, das Refectorium und einen Theil der Abtey enthalten, mit jenem verbunden ist und drey besondere Vierecke vorstellen. Auf beyden Seiten befinden sich noch mehrere Gebäude, welche größtentheils zur Oekonomie dienen. *P. Johann Baptist Roppelt, 1801*

Statue des hl. Benedikt, wohl von Pankraz Fries

in seinem Oeuvre. Die Aufbauten der Altäre, deren Entwurf auch auf Wagner zurückgeführt wird, sind von besonderer Schönheit und bezeugen das Geschick des Thereser Meisters, sich sowohl architektonischen Gegebenheiten des Baus als auch den Besonderheiten der bereits vorhandenen Ausstattung anzupassen. Hohe Sockelzone, viersäuliger Aufbau mit geradem Mittelstück und leicht eingeschwenkten Flanken, reich profiliertes Gebälk mit geschwungenen Giebelschenkeln über dem äußeren Säulenpaar, nach oben sich öffnender, durch Freipfeiler gerahmter Auszug, dies alles verbindet sich harmonisch mit dem Figurenschmuck." (Trenschel) Als zwei Jahre später Altäre in den beiden Turmkapellen aufgestellt werden sollten, griff das Kloster auf den bewährten Wagner zurück; auch als Schöpfer des Orgelprospekts von 1735 kommt er in Frage.

Nach 1735 fiel nur mehr wenig Bildhauerarbeit an; Abt und Konvent zogen dafür offenbar meist Bamberger Künstler heran.

Gottlieb Heymüller (ca. 1715–1763), einem Oberösterreicher, der, mit einer Tochter Johann Jakob Vogels verheiratet, von 1740 bis 1746 in Bamberg nachzuweisen ist, schreibt Sitzmann die Pietá auf dem Kreuzaltar zu.

Der aus Baunach stammende Pankraz Fries (1736–1780), der in Kronach, später in Bamberg wohnte, gilt als Schöpfer der Marienfigur, die in einem Glasschrein neben dem Dreikönigs-Altar steht. Ferner schnitzte er um 1770 neue Tabernakel für den Hochaltar und die beiden östlichen Nebenaltäre; er verkleidete den Stipes eines jeden erhaltenen Altares neu. Fries schuf wohl auch die Sandsteinstatue des Ordensgründers Benedikt, die zunächst die Bekrönung des Tores zum Hof bildete, dann unter Herzog Wilhelm in Bayern auf der Terrasse aufgestellt wurde und vor kurzem ihren Platz zwischen Kirche und einstigem Gartenhaus gefunden hat.

1790 ließ Placidus Sprenger durch ein Mitglied der Bamberger Bildhauerfamilie Mutschele eine Säule für den Konventsgarten überarbeiten.

Von links nach rechts:
Dionysius, Petrus, Paulus, Kilian.
Die Sandsteinfiguren der Heiligen schuf Balthasar Esterbauer 1713/14.
Das Attribut des hl. Kilian, ein Schwert, ist verlorengegangen.

Die weite Landschaft mit Tälern und Hügeln, Feldern und Dörfern dringt unter hohem Himmel heran, und lebhaft wie diese Erde stehen die steinernen Heiligen verzückt und in bauschigen Gewändern in den Nischen der Kirchenwand. *Richard Teufel, 1936*

Maler

Am 14. März 1710 schloß das Kloster Banz einen Akkord mit dem Bamberger Hofmaler Sebastian Reinhard († 1716) ab. Reinhard sollte im Kaisersaal die beiden großen Deckenbilder und die „2 lange Neben- oder Seitenstück" auf Leinwand malen, die sämtlich Szenen aus der Gründungsgeschichte des Klosters darstellen (siehe S. 42–45). Ferner hatte er 14 – heute verschollene – Kaiserporträts zu liefern, die ihren Platz über den Fenstern finden sollten; nach diesen Ölgemälden trägt der Saal seinen Namen. Für diese Arbeit bekam er 400 Gulden. Zusätzlich zu den vereinbarten Bildern fertigte Reinhard wohl die al secco ausgeführten Gemälde in den Eckkartuschen, die ebenfalls die frühe Geschichte des Klosters illustrieren.

Bereits 1707 hatte Reinhard die Deckengemälde für das Fürstenzimmer geliefert. Das zentrale Bild (siehe S. 54 f.) – wie im Kaisersaal ein Ölgemälde auf Leinwand, kein Fresko – stellt die Bamberger Diözesanheiligen Heinrich und Kunigunde sowie – für Würzburg – Kilian mit seinen Begleitern Kolonat und Totnan dar. In den Hohlkehlen zeigen Ölgemälde die Pflugscharprobe der hl. Kunigunde (im Hintergrund die Neue Residenz in Bamberg) und das Martyrium Kilians und seiner Gefährten (im Hintergrund die Festung Marienberg). Durch das Kaiserpaar wird die landesherrliche Gewalt, das Hochstift Bamberg, symbolisiert, durch Kilian, Kolonat und Totnan die in geistlichen Fragen für Banz zuständige Diözese Würzburg.

Für die Klosterkirche malte Reinhard wohl das Choraltarblatt: das Kopfwunder des hl. Dionysius – der Märtyrer trägt sein abgeschlagenes Haupt zur Begräbnisstätte –, darüber der zweite Kirchenpatron, der hl. Petrus, der die Seele des Dionysius in den Himmel aufnimmt. Korth charakterisiert diese Arbeit als „ein kompositionell und malerisch eher einfältiges [...] Bild".

Ob der aus Nürnberg stammende Johann Jakob Gebhardt, der ab 1708 in Bamberg nachzuweisen ist und den der Bamberger Fürstbischof 1715 zum Hoffreskomaler ernannt hatte, nach dem Tod Reinhards für einige Zeit in Banz tätig war, ist nicht sicher nachzuweisen; jedoch schreibt ihm Lippert die Fresken in der Sakristei und im Chor der Klosterkirche zu.

Spätestens 1716 beauftragte das Kloster den gefragten Freskisten Melchior Steidl († 1727) mit der Ausmalung der Kirche. Steidl war 1657 in Innsbruck zur Welt gekommen. Vermutlich hatte er seine Ausbildung in München erhalten; ferner war er von der italienischen Monumentalmalerei beeinflußt, so daß Roppelt 1801 seine Banzer Fresken „einem Italiänischen Meister" zuschrieb (von Steidl wußte man demnach in Banz nichts mehr). Als Dreißigjähriger hatte Steidl sich in das Meisterbuch der Münchner Malerzunft eingetragen. Bevor er in Banz tätig wurde, hatte er bereits Fresken in der Stiftskirche St. Florian (Oberösterreich) (1690–1695), im Kaisersaal der Benediktinerabtei Kremsmünster (1696), in der Klosterkirche von Lambach (1698), in der Straubinger Karmeliten-Kirche (1702) – einem Bau von Wolfgang Dientzenhofer – geschaffen; für Lothar Franz von Schönborn hatte er den Kaisersaal der Neuen Residenz zu Bamberg (1707–1709), einen Saal in der Favorite zu Mainz (1709/10), mehrere Räume und die Schloßkapelle in Schloß Weißenstein bei Pommersfelden (1714) ausgemalt.

Die Hauptfresken der Banzer Klosterkirche zeigen die Bekehrung des Saulus bei Damaskus, die Herabkunft des Heiligen Geistes – im zentralen Kuppelgewölbe – und das Abendmahl. Diese Deckengemälde symbolisieren den Weg zur Vereinigung mit Gott, wie ihn Teresa von Avila gewiesen hat. Auf die Reinigung folgen die Erleuchtung durch den Heiligen Geist und schließlich die Vereinigung mit Gott in der Eucharistie. Die Nebenfelder zeigen Figuren oder Ereignisse, die mit dem Motiv des jeweiligen Hauptfreskos in Zusammenhang stehen. So begleiten die Darstellung der Saulus-Bekehrung Petrus mit dem Hahn und Maria Magdalena, die Patronin der Buße. Unter diesen Fresken stehen die Beichtstühle, ähnlich wie sich unter dem Hl. Geist-Fresko die Kanzel und unter dem Abendmahls-Fresko die Kommunionbank befindet.

Die Fresken über den Altären beziehen sich auf deren Patrozinien. Über dem Kreuzaltar sind dargestellt: die Umarmung des hl. Bernhard von Clairvaux durch den Gekreuzigten und die Stigmatisierung der hl. Katharina von Siena (in der Emporenunterwölbung), die Auffindung und die Probe des Kreuzes durch Kaiserin Helena und die Schlacht bei der Milvischen Brücke im Jahr 312, vor der Kaiser Konstantin – Eusebios zufolge – am Himmel ein Kreuz aus Licht erschienen war. Über dem Rosenkranzaltar sind Gemälde von Marien-Erscheinungen (unter der Empore) und der beiden ersten Rosenkranz-Geheimnisse (Verkündigung an Maria und Heimsuchung Mariens) (an der Decke) zu sehen.

Von Melchior Steidl stammen neben den Fresken drei Altarblätter in der Banzer Klosterkirche: die Kreuzigung, Loths Rettung (Schutzengel-Altar) und der hl. Benedikt. Die beiden letzteren sind 1721 entstanden; das Blatt des Kreuz-Altars ist undatiert.

Zu Seite 130–135
Deckenfresken der Banzer Klosterkirche

Fresken über dem Schutzengelaltar
Links: Erzengel Raphael begleitet den jungen Tobias auf seiner Reise nach Medien.
Rechts: Ein Engel befreit Petrus aus dem römischen Kerker.

Deckengemälde
Links: Bekehrung des Saulus, darunter Petrus mit dem Hahn. In der Mitte, über dem Kreuzaltar: Die Schlacht an der Milvischen Brücke im Jahr 312, vor der Kaiser Konstantin im Traum ermahnt wurde, das Zeichen Gottes auf den Schilden seiner Soldaten anzubringen (links); die Probe des hl. Kreuzes nach der Auffindung durch Kaiserin Helena (rechts). Rechts: Die Ausgießung des Hl. Geistes, darunter Heilung des Lahmen an der Tempelpforte durch Petrus.

Die sehr geräumige, durch keine Säulen verengte Kirche […] gewährt einen überraschenden Anblick. Die Gewölbe sind reich mit sehr praktisch ausgeführten Frescogemälden […] geziert.
[…] Prachtvoll ist der Hochaltar. Ganz vergoldete Säulen tragen Wolken, auf welchen der heilige Benedictus in himmlischer Glorie von Engeln umgeben schwebet. Zwischen den Säulen hindurch sieht man das große Altargemälde im Hintergrunde des Chors, die Enthauptung des heiligen Dionysius vorstellend […]. Die Seitenaltäre sind mit mehr oder minder guten Gemälden in Oel geziert […].

Carl Theodori, 1846

Schutzengelaltar (südwestlicher Nebenaltar)
Entworfen von Balthasar Esterbauer, aufgestellt 1721
Holzfiguren: Sebastian mit einem Putto, der einen Pfeil herauszieht (links); Rochus mit einem Putto, der auf eine Pestbeule zeigt (rechts).

Deckengemälde: Ein Engel bringt dem hl. Adalrich Brote (links); ein Engel hilft der hl. Adelgundis – der Patronin der Staffelberg-Kapelle – beim Schreiben (rechts).

Altarblatt des Schutzengelaltars, geschaffen von Melchior Steidl 1721
Ein Engel führt Lot aus Sodom heraus.

Altarblatt des Kreuzaltars, geschaffen von Melchior Steidl 1721
Kreuzigungsszene mit Maria, Johannes und Maria Magdalena.

Kreuzaltar (nordwestlicher Seitenaltar)
Entworfen von Balthasar Esterbauer, aufgestellt 1721
Holzfiguren: Gertrud (links); Mechthild (rechts).
Deckengemälde: Stigmatisierung der hl. Katharina von Siena (links); der Gekreuzigte umarmt den hl. Bernhard von Clairvaux (rechts).

Reliquienpyramide auf dem Kreuzaltar
Enthalten sind unter anderem Reliquien Gregors des Großen sowie der hll. Cosmas und Damian.

Pietà auf dem Kreuzaltar
Geschaffen um 1740,
wohl von dem Bamberger Bildhauer Gottlieb Heymüller.

Altarblatt des Benediktusaltars,
geschaffen von Melchior Steidl um 1721/23
Benedikt stirbt stehend und betend inmitten seiner Mönche,
nachdem er in der Kirche die Sterbesakramente empfangen hat.
Seine Seele schwebt zu Gott empor.

Links: Nothelfer-Altar
Entworfen 1728 von Johann Thomas Wagner, aufgestellt 1728
Holzfiguren: Dorothea (links); Agnes (rechts).
Neben dem Altar steht das Taufbecken, das – vermutlich aus einer anderen Kirche – 1807 nach Banz kam.

Rechts: Benediktus-Altar (südöstlicher Seitenaltar)
Entworfen von Balthasar Esterbauer, aufgestellt 1721
Holzfiguren: Placidus (links); Romanus (rechts), beide heiliggesprochene Benediktiner. Deckengemälde: Gregor der Große (links); Ildefons von Toledo (rechts).

Altarblatt des Nothelfer-Altars, geschaffen von dem Augsburger Akademiedirektor Johann Georg Bergmüller 1740

Dargestellt ist die Gruppe der 14 Nothelfer, wie sie in Vierzehnheiligen verehrt wird, bestehend aus Vitus, Christophorus, Achatius, Cyriacus, Barbara, Pantaleon, Georg, Erasmus, Dionysius, Blasius, Eustachius, Ägidius, Margaretha und Katharina.

Ein evangelischer Maler lieferte 1721 das Altarblatt für den Rosenkranz-Altar, den Altar der Rosenkranz-Bruderschaft: Christoph Wilhelm Meuser (1684–nach 1739) in Schney. Sein Sohn, Georg Albrecht Meuser (ca. 1712–1784), malte um 1750/60 die 15 Medaillons, die neben und über jenem Bild angeordnet sind. Sie stellen die freudenreichen, schmerzhaften und glorreichen Rosenkranzgeheimnisse dar. Georg Albrecht Meuser porträtierte auch die Äbte Gregor Stumm (1765) und Valerius Molitor (1771).

Drei Altarblätter für die Banzer Klosterkirche malte Johann Joseph Scheubel (1686–1769) aus Bamberg, der u. a. an der Wiener Akademie, in Venedig, in Bologna und in Rom gelernt hatte. Seit 1722 war er fürstbischöflicher Hofmaler in seiner Heimatstadt und erhielt vom jeweiligen Fürstbischof, von Klöstern und Stiften häufig Aufträge; auch für zahlreiche bambergische Landkirchen hat er Altarblätter geschaffen. Von seinen drei für Banz gemalten Bildern ist dort nur eines erhalten: das Blatt des Dreikönigs-Altars. Seine beiden anderen Werke, für die Altäre in den Turmkapellen bestimmt, sind verschollen.

Das Altarblatt des Nothelfer-Altars fertigte 1740 Johann Georg Bergmüller (1688–1762), der seit 1730 der Malerakademie in Augsburg vorstand. Bergmüller hatte bereits 1738 in Banz gearbeitet: Er hatte den Bibliothekssaal des Klosters ausgemalt, den Abt Stumm hatte anlegen lassen. Von diesem Fresko sind nur spärliche Reste erhalten, die 1981 freigelegt wurden; jedoch befindet sich im Kupferstichkabinett des Kunstmuseums Basel der Entwurf des Künstlers. Friedrich Carl Gottlob Hirsching schrieb über die Decke, sie stelle „die Wissenschaften vor“ und sei „sehr gut gemalt“. Wenn er auch gegen manche Details Einwände hatte, so stellte er zusammenfassend doch fest, „die ganze Decke“ nehme sich „wegen ihrer frischen Färbung, so wohl in der Nähe, als in der Ferne, sehr gut aus“.

Während die meisten Fresken und Altarblätter an Ort und Stelle erhalten sind, ist von der klösterlichen Kunstsammlung nichts in Banz geblieben. Der Mönch Dominikus Schramm (1723–1797) listete 1757 weit über 400 Gemälde, Zeichnungen und Stiche auf.

Diese Sammlung fand das Lob Hirschings, der 1789 schrieb: „Von Gemälden, vorzüglich auf Holz und Kupfer, findet man einen schätzbaren Vorrath, worunter manches Stück von teutschen Meistern wegen des hohen Alters, vorzügliche Achtung verdient.“ Bald darauf wurde die „gewiß äusserst seltene und schäzbare Sammlung“, deren ungünstige Präsentation Hirsching beklagt hatte, in einem gesonderten Zimmer aufgehängt.

Schreiner

Wohl nur einfachere Schreinerarbeiten vergab das Kloster an Handwerker der näheren Umgebung; so erhielt der Staffelsteiner Schreiner Johann Weißenberger 1702 den Auftrag, die Türen für den Abteibau zu fertigen.

Die Aufgabe, den Hochaltar und den Choraltar herzustellen, übertrug die Abtei Banz im September 1714 dem Bamberger Kunstschreiner Martin Walther (ca. 1687–1763), der dafür 500 Gulden erhielt. Diesen Auftrag – wohl seinen ersten großen – hatte dem erst 27 Jahre alten Schreiner vielleicht sein Schwiegervater verschafft; Walther war seit 1713 mit einer Tochter des Stukkators Johann Jakob Vogel verheiratet. Vermutlich hat Walther auch Seitenaltäre für die Banzer Klosterkirche geschaffen. Im folgenden arbeitete er für zahlreiche bambergische Landkirchen.

Als Abt Stumm den neu geschaffenen Bibliothekssaal einrichten wollte, zog er nicht mehr Walther heran, sondern Johann Georg Neßtfell (1694–1762), den Korth „zu den hervorragendsten Kunsttischlern des Régence und Rokoko“ rechnet. Neßtfell stammte aus Alsfeld in Hessen und ist seit 1721 als Einwohner von Wiesentheid, seit 1724 als schönbornischer Hofschreiner belegt. Neßtfells Arbeit im Banzer Bibliothekssaal – Fußboden, Wandverkleidungen, Bücherschränke „von kostbarem Holz und mit Bronze verziert“ (Nicolai) – gelangte 1803 mit den Büchern nach Bamberg und ist dort verlorengegangen.

1749/50 fertigte Neßtfell das Gestühl im Mönchschor der Klosterkirche. Geschmückt ist es mit 20 Intarsienbildern, die Szenen aus dem Leben des hl. Benedikt darstellen (siehe S. 66 f).

Nachdem ihn der Banzer Konventuale Bonifaz Fleischmann (1701–1745) mit den Grundzügen der Astronomie vertraut gemacht hatte, ging Neßtfell daran, eine Maschine zu bauen, die, von einem Uhrwerk betrieben, die Bewegung der Planeten um die Sonne simulierte. 1753 konnte er sie in Wien dem Kaiser präsentieren, der ihm dafür den Titel eines Hofmechanikus verlieh.

Johann Georg Fellwöck, ein Mitarbeiter Neßtfells, baute nach dessen Tod in Zusammenarbeit mit dem Würzburger Karmeliten Fridericus a Sto. Christophoro eine Planetenmaschine, die beide 1772 dem Kloster Banz schenkten. Sie gelangte 1803 – wie die übrigen astronomischen Geräte auch, darunter zwei Himmelsglobi des Venezianers Vincenzo Coronelli von ca. 1695 – nach Bamberg.

Links: Rosenkranz-Altar (nordöstlicher Seitenaltar)
Entworfen von Balthasar Esterbauer, aufgestellt 1721
Holzfiguren: Joseph mit dem Jesuskind (links);
Johannes der Täufer (rechts).

Deckengemälde: Maria erscheint dem hl. Dominikus (links)
und dem hl. Petrus Damiani (rechts).
Rechts: Dreikönigs-Altar
Entworfen von Johann Thomas Wagner, aufgestellt 1728
Holzfiguren: Katharina (links); Barbara (rechts).

Altarblatt des Rosenkranz-Altars, geschaffen von dem Schneyer Maler Christoph Wilhelm Meuser um 1721
Maria übergibt den Rosenkranz dem hl. Dominikus, der lange als der Urheber des Rosenkranzes galt.

Zu beiden Seiten des Altarblatts und darüber befinden sich 15 ovale Medaillons mit Darstellungen der Rosenkranzgeheimnisse (links die freudenreichen, rechts die schmerzhaften, oben die glorreichen Geheimnisse). Sie wurden um 1750/60 gemalt, wohl von Georg Albrecht Meuser, dem Sohn des Christoph Wilhelm.

Medaillon am Rosenkranz-Altar mit der Darstellung der Kreuzigung

Johannes der Täufer, mit einem Fell bekleidet, in der Hand ein Kreuz mit dem Schriftband „ECCE AGNUS DEI“ (Seht das Lamm des Herrn). Figur am Rosenkranz-Altar, beleuchtet von der tief stehenden Wintersonne

Prozessionsfigur der Muttergottes, hier dargestellt als Maria vom Siege, die auf der Weltkugel steht und der Schlange den Kopf zertritt. Diese Statue entstand um 1770/75; sie stammt wohl von dem Kronacher Bildhauer Pankraz Fries (1736–1780). Gewöhnlich befindet sich die Figur in einem Glasschrein neben dem Dreikönigs-Altar.

Monogramm Mariens in der Glorie
Bekrönung des Glasschreins für die Muttergottes-Statue (S. 154), der um 1750 gefertigt worden ist.

Putto mit der Darstellung eines Rosenkranzgeheimnisses (Aufnahme Mariens in den Himmel) am Schrein neben dem Dreikönigs-Altar

Altarblatt des Dreikönigs-Altars,
geschaffen von Johann Joseph Scheubel d. Ä. 1728
Die drei hll. Könige beten das Jesuskind an.

Engelskopf am Dreikönigs-Altar

Reliquiensarg des hl. Märtyrers Benedictus am Dreikönigs-Altar, oben mit vorgeblendetem Gemälde

Über diese Ganzkörper-Reliquie, über die des hl. Märtyrers Felix (am Nothelfer-Altar) und über zwei weitere (am Hochaltar) schrieb 1801 Johann Baptist Roppelt:
Die Kirche „ist mit 4 heiligen Leibern geziert, welche prächtig gefaßt und mit vielen Unkosten von Rom hieher gebracht worden sind.“

Statue der hl. Katharina am Dreikönigs-Altar

Statue der hl. Barbara am Dreikönigs-Altar

Hochaltar
Links und rechts des Altars stehen Schreine mit Ganzkörper-Reliquien.

Auszug des Hochaltars
Im Zentrum steht der Ordensgründer Benedikt, umgeben von Gewölk, von Engeln und von seinen Attributen: dem Buch mit seiner Regel (lesbar sind die Anfangsworte der Benediktsregel „Ausculta o fili“), Mitra, Abtsstab und zerbrochenem Kelch.

Statue des hl. Petrus am Hochaltar

Faßmaler

Den Marien- und den Benedikts-Altar bemalte und vergoldete 1723 der Würzburger Georg Franz Mika; für den Kreuzaltar holte das Kloster 1726 den Bamberger Maler und Vergolder Andreas Müller († 1757) nach Banz. Der Lichtenfelser Maler Johann Georg Faber (1671–1735), der für die Hankirche bei Prächting und die Pfarrkirche Pauzfeld bei Forchheim auch Altarblätter lieferte, war für Banz lediglich als Faßmaler tätig: Den Schutzengel-Altar und die Kanzel hat er bemalt. Cölestin Schwab, ein Konventuale des Benediktinerklosters Theres am Main, der etwa bei der Ausstattung der Kirchen in Hofheim und Untertheres mitwirkte – hier hatte er es mit Altären Wagners zu tun –, faßte 1727 gemeinsam mit drei Gesellen den Hochaltar. Den Tabernakel dagegen faßte 1729 der aus Eger stammende und in Bamberg wohnende Maler Johann Joseph Stoll (ca. 1697–1763), der um dieselbe Zeit auch den Altar der evangelischen Pfarrkirche Walsdorf bemalte.

Goldschmiedearbeiten

Nur hingewiesen sei auf die Goldschmiedearbeiten, die zum größten Teil im Zuge der Säkularisation verkauft wurden. In seiner Beschreibung der Klosterkirche nannte 1801 Johann Baptist Roppelt unter den Sehenswürdigkeiten die „kostbaren Kirchengefäße und Ornate, besonders die goldene mit vielen Edelsteinen besetzte und nach dem besten Geschmack gearbeitete Monstranz, nebst Kelch und Meßkanne. Jene stellt einen Weinstok vor, woran die Trauben theils aus Brillianten, theils aus Rubinen, und die Blätter aus Smaragden zusammen gesetzt sind. Das goldene vom Fürstbischof Otto [de la Bourde] hieher verehrte Kreuz ist mit mehr als 400 Diamanten, einem schönen Granat und drey Perlen von ungewöhnlicher Größe geziert."

Die Monstranz war schon 1781 Friedrich Nicolai aufgefallen; er hatte gerüchtweise gehört, sie habe die ungeheure Summe von 160000 Gulden gekostet. Das war weit übertrieben; tatsächlich hatte Abt Valerius Molitor dem Augsburger Goldschmied Benz 40000 Gulden dafür gezahlt, freilich immer noch ein Vermögen.

Einige Monstranzen, Kelche und weitere liturgische Gefäße des 18. Jahrhunderts sind noch heute im Besitz der Kirche.

Statue des hl. Paulus am Hochaltar

Stuckdetail, von der Wintersonne beschienen

Kanzel, geschaffen um 1714 von Balthasar Esterbauer, gefaßt 1724 von dem Lichtenfelser Maler Johann Georg Faber.
Am Korb Figuren der vier Evangelisten; auf dem Schalldeckel, der von zwei Engeln getragen wird, Allegorien von Fides, Spes und Caritas (Glaube, Hoffnung und Liebe).

Evangelist Matthäus

Evangelist Markus

Evangelist Lukas

Statue des hl. Bonifatius
Der Apostel der Deutschen († 754) wird wie üblich mit Schwert und aufgespießtem Buch dargestellt. Der Legende nach wollte der Märtyrer sich durch das über den Kopf gehaltene Evangelienbuch vor dem Schwert seiner Mörder schützen.

Davor die Bekrönung der Kanzel, allegorische Figuren von Spes (Hoffnung), Fides (Glaube) und Caritas (Liebe)

Statue des hl. Otto von Bamberg in der Nische über dem Nothelfer-Altar
Otto, der von 1102 bis 1139 Bamberger Oberhirte war und 1189 heiliggesprochen wurde, ist mit seinem Bischofsstab, mit einem Missionskreuz – Otto wird als Apostel der Pommern verehrt – und als Gründer und Erneuerer zahlreicher Klöster mit einem Kirchenmodell dargestellt.

Statue Gregors des Großen in der Nische über dem Dreikönigs-Altar
Der heilige Papst († 604), kenntlich an der Tiara und dem Kreuzstab mit drei Balken, zählt neben Ambrosius, Augustinus und Hieronymus zu den lateinischen Kirchenvätern.

Statue des hl. Wolfgang von Regensburg
Wolfgang, ein Mönch des Benediktinerklosters Einsiedeln, wurde 972 zum Bischof von Regensburg erhoben, starb 994 und wurde 1052 kanonisiert. Als Förderer der monastischen Reformbewegung wird er mit Kirchenmodell dargestellt.

Statue des hl. Ildefons von Toledo
Wie der ihm gegenüber aufgestellte Wolfgang war Ildefons Mönch. Von 657 bis zu seinem Tod 667 stand er der Erzdiözese Toledo vor. Als großer Marienverehrer hält Ildefons ein Bild der Gottesmutter in der Hand.

Statue des hl. Kilian
Der Würzburger Diözesanpatron († wohl 689) hat als Attribute – neben dem Bischofsstab – Schwert und Herzogshut, da die Würzburger Bischöfe sich seit 1168 Herzöge in Franken nennen konnten.

WILHELM
R.I.P.

Stuckdetail an der Orgelempore

Orgel in der Banzer Klosterkirche

Orgel der Katharinen-Kapelle in Oberküps, einst im Winterchor der Banzer Klosterkirche

Die Banzer Orgeln

1533 gab es im Kloster bereits eine Orgel. Sie ging wohl um 1570 zugrunde. Abt Johann Burkhard ließ wieder eine Orgel bauen, die 1612 durch eine neue ersetzt wurde. Im Dreißigjährigen Krieg wurde sie geraubt; ob sie zurückkehrte oder ersetzt werden mußte, ist unklar.

Für die neuerbaute Klosterkirche ließ Abt Gregor Stumm über 15 Jahre nach ihrer Weihe eine neue Hauptorgel bauen. Ihr Schöpfer war der Würzburger Hoforgelmacher Johann Philipp Seuffert (1693–1780). Im Herbst 1736 kündigte er an, er werde im folgenden Frühjahr das Orgelwerk in Banz aufstellen, „welcheß so künstlich eingerichtet wirdt, daß dergleichen im Bistumb nicht seyn werdte".

Das Besondere an dieser Orgel – der drittgrößten aus der Werkstatt Johann Philipp Seufferts – war der freistehende Spieltisch. Der Organist hatte das Orgelwerk im Rücken; so war ein enger Kontakt zwischen ihm und dem auf der Orgelempore musizierenden Orchester oder Chor möglich. Freistehende Spieltische finden wir erst seit dem frühen 18. Jahrhundert in der Orgelbaukunst. Das zweiteilige Gehäuse der Banzer Hauptorgel schuf Johann Thomas Wagner.

1903/04 wurde das Seuffertsche Orgelwerk durch eines der Firma Josef Bittner in Eichstätt ersetzt; lediglich der barocke Prospekt blieb erhalten. 1985 jedoch konnte ein Orgelwerk von Johann Philipp Seuffert angekauft und nach einer Restaurierung und Ergänzung durch Gerald Woehl eingebaut werden. Es handelt sich um die größte Arbeit des Würzburger Meisters, geschaffen 1744/48 für die Benediktinerabtei Grafschaft bei Meschede (Westfalen).

Neben der Hauptorgel befanden sich im Kloster Banz zwei weitere Orgeln. Auf einer Empore an der Nordwand des Mönchschores stand eine 1734 wohl von Seuffert gebaute Orgel. Sie wurde 1803 im Zuge der Säkularisation versteigert; die Käufer, Lichtenfelser Juden, veräußerten sie 1805 an die evangelische Pfarrei Ebersdorf. Als die dortige Pfarrkirche 1946 ausbrannte, ging auch die Banzer Chororgel zugrunde.

Eine kleine, für den Winterchor bestimmte Orgel schuf Johann Philipp Seuffert im Jahr 1743. Sie gelangte 1804 in die wenige Jahre zuvor errichtete Katharinen-Kapelle zu Oberküps. Zwar existiert sie noch, doch wurde sie 1966 von einer Ludwigsburger Firma überholt, die die Tonhöhe der Pfeifen und die Intonation veränderte; ferner wurde ein neuer Spieltisch angeschafft. Aufgrund der Eingriffe ist der „ursprüngliche Klang der Seuffert-Orgel dahin" (Fischer/Wohnhaas).

Valentin Rathgeber

Die Pflege der Musik spielte im Kloster Banz immer eine große Rolle. Schon unter Abt Alexander von Rotenhan unterwies der Lehrer an der Klosterschule die Zöglinge „Singen im Chore" lehren; das Kloster unterhielt einen eigenen Organisten; in Leipzig ließ der Abt eine „Symphoney" beschaffen, um sich „Kurtzweil und Frolichkait domit zu machen".

In den letzten Jahren des Klosters galt der Konventuale Ämilian Graser (1756–1795) als „ein vortreflicher Musicus" (Hirsching), seine Mitbrüder Kilian Martin (1736–1792) und Bernhard Jungleib (1752–1811) waren ausgezeichnete Organisten; der Konventuale Wolfgang Türkes (1727–1783) soll virtuos die Geige gespielt haben. Doch Chorgesang und gute Instrumentalisten gab es auch in anderen Klöstern. Nur durch einen Konventualen ragte Banz heraus: durch Valentin Rathgeber, der zu seiner Zeit als einer „der fleißigsten und beliebtsten Kirchencomponisten" galt.

Rathgeber wurde 1682 in Oberelsbach in der Rhön als Sohn eines Schulmeisters geboren; sein Taufname war Johann Valentin. Ab 1701 studierte er an der Universität Würzburg. Von 1704 an unterrichtete er an der Schule des Waisenhauses, das dem Würzburger Juliusspital angeschlossen war; schon bei der Anstellung wurde bemerkt, er sei „in der Music und anderen Instrumenten erfahren". Im Februar 1707 kündigten ihm die Spitalvorsteher, da er „sowohl wegen seiner Jugent alß anderer Ursach halben dem Spital nit ahnstentig seye". Bald wurde Rathgeber Kammerdiener des Banzer Abtes Kilian Düring, und noch im selben Jahr trat er in dessen Kloster ein. 1708 legte er Profeß ab; als Klosternamen nahm er seinen bisherigen zweiten Vornamen, Valentin, an. Die Priesterweihe empfing er am 19. September 1711.

Als Mönch leitete Rathgeber den Chorgesang seiner Mitbrüder. 1721 veröffentlichte er seine ersten acht Messen. Wie alle folgenden Kompositionen Rathgebers brachte sie der Augsburger Musikverleger Johann Jakob Lotter († 1738) heraus. Weitere fünf Sammlungen kirchenmusikalischer Werke folgten bis 1728.

Am 22. Oktober 1729 verließ Rathgeber das Kloster und trat eine Reise an, ohne daß er zuvor die Erlaubnis seines Abtes eingeholt hatte. Mit dieser Flucht stand Rathgeber zu seiner Zeit in Banz nicht allein da. Der Konventuale Anselm Hailer (1681–1740) aus Karlsbad – er hatte bei der Kirchenweihe 1719 die Orgel geschlagen – hatte das Kloster sogar zweimal heimlich verlassen, das erste Mal 1711 für sechs Monate, das andere Mal 1723 für über zwei Jahre.

Was Rathgeber bewogen hat, aus Banz zu fliehen und für mehrere Jahre umherzuziehen, wissen wir nicht. Zwar bezeichnete er sich auf den Titelblättern seiner Werke stets als Banzer Mönch, Kontakt mit seinem Kloster hielt er aber zumindest in den ersten Jahren nicht. Anfang 1731 war in Banz daher sein Aufenthaltsort unbekannt. Dabei hätte man die erste Station seiner „Geniereise" aus der Widmungsvorrede zu seinem Opus VII (Decas marianomusica) erschließen können. Diese zehn Messen, 1730 erschienen, hatte er nämlich dem Abt der Benediktinerabtei St. Maximin in Trier dediziert. Auf der Reise nach Trier mag Rathgeber auch Würzburg, Mainz, Köln und Bonn berührt haben.

Aus den Vorreden zu seinen in den nächsten Jahren veröffentlichten Kompositionen können wir die Reiseroute Rathgebers in groben Zügen rekonstruieren, wenn auch unbekannt ist, mit wem er zusammentraf, von wem er als Komponist beeinflußt wurde.

Von Trier aus ging er – vielleicht über Stuttgart – an den Hof des Grafen Ernst von Montfort, der in Tettnang residierte. 1732 finden wir ihn im Schweizer Zisterzienserkloster Wettingen und danach in der Benediktinerabtei Pfäfers. Im folgenden Jahr kehrte er an den Bodensee zurück; sein Opus XII widmete er dem Pfarrer von Wasserburg. Dann reiste er nach München; vielleicht kam er hier sogar mit dem kurfürstlichen Hof in Kontakt, an dem seine Werke noch im 19. Jahrhundert aufgeführt wurden.

Die nächste bekannte Station Rathgebers war das Benediktinerkloster Scheyern; von hier aus könnte er auch seinen Verleger Lotter in Augsburg besucht haben. Von Scheyern reiste Rathgeber in ein anderes Kloster seines Ordens weiter: in die Reichsabtei St. Emmeram zu Regensburg. Vielleicht auf der Donau gelangte er dann erneut zu einem Benediktinerkloster: nach Melk.

Danach nahm ihn der Abt der Zisterze Heiligenkreuz als Gast auf, sei es in seinem Kloster im Wienerwald, sei es im Heiligenkreuzer Hof zu Wien. Im Oktober 1735 ist Rathgeber dann in der ungarischen Erzabtei Martinsberg (Pannonhalma) nachzuweisen.

Anschließend zog er wieder nach Westen. Er besuchte das Benediktinerkloster St. Lambrecht in der Steiermark und Mariazell, den bedeutendsten Wallfahrtsort in den habsburgischen Ländern. Das war 1736. Danach verlieren wir Rathgeber aus den Augen, bis er am 2. September 1738 nach Banz zurückkehrte.

Wie er hier aufgenommen wurde, ist nicht sicher. Am 2. Juni 1750, acht Wochen vor dem drei Jahre jüngeren Johann Sebastian Bach, starb der schwer unter der Gicht leidende Rathgeber im Kloster.

Zu Seite 186/187
Ein Teil der Krypta unter der Kirche wurde 1987/88 zur Winterkirche umgestaltet. Das Relief mit Szenen aus dem Marienleben hat 1987 Lore Friedrich-Gronau in Münsterschwarzach geschaffen.

486 Kompositionen Rathgebers erschienen im Druck; 360 davon waren geistliche Werke. 164 Offertorien, 44 Antiphonen, 43 Messen, 36 Hymnen hat er geschaffen, ferner geistliche Arien, Vespern, Hymnen, Litaneien, Miserere und anderes mehr. Die fruchtbarste Periode in seinem Leben war die „Geniereise"; die Mehrzahl seiner Werke sind während dieser neun Jahre gedruckt worden (und wohl auch entstanden). In ganz Süddeutschland wurden seine Werke aufgeführt, ja sogar in Ungarn, in der Slowakei, in Polen fanden sie Gefallen.

Einfachheit zeichnet Rathgebers Werke aus. Einfach war die Harmonik, gefällig und eingängig waren die Melodien; mit einfachen Mitteln sollten die Kompositionen – wie er selbst erklärte – aufgeführt werden können. Dies war sicher auch ein Grund für die Beliebtheit von Rathgebers Werken. Selbst an kleinen Orten, wo wenige Sänger und Instrumentalisten zur Verfügung standen, war es möglich, Rathgebers Kompositionen erklingen zu lassen.

Bekannter als seine geistlichen Kompositionen ist heute Rathgebers dreibändige Sammlung weltlicher Lieder, erschienen während seiner Wanderjahre: „Ohren-Vergnügendes und Gemüthergötzendes Tafel-Confect; Bestehend in 12 kurtzweiligen Sing- oder Tafel-Stucken von 1, 2 oder 3 Stimmen/mit einem Clavier, oder Violoncello zu accompagniren, Zur angenehmen Zeit-Vertreib und Aufmunterung melancholischen Humeurs aufgetragen und vorgesetzt".

Schon der so betitelte erste Band hatte Erfolg: „Weilen [...] verspühret worden, daß der geneigte Liebhaber an der ersten Tracht des Muskalischen Tafel-Confects einiges Belieben und Gusto gefunden", brachte Rathgeber noch im selben Jahr, 1733, einen zweiten Teil mit weiteren 15 Liedern auf den Markt. Nochmals 15 Lieder enthielt der dritte Band, der 1737 herauskam. Einzelne Lieder aus dem „Tafel-Confect" werden bis heute oft gesungen: „Alleweil ein wenig lustig", „Wir haben drei Katzen", „Der hat vergeben".

Im Lied „Mein Stimme klinge", enthalten in der zweiten Tracht, spielte Rathgeber wohl auf seine Flucht aus dem Kloster an, wenn es in der vierten Strophe heißt:

„Dem Closter Leben /
war ich ergeben /
Adjutorium,
Completorium,
das war mein Freud /
auch dieses hat ein End /
die Meinung ist zertrennt /
laß ins Clösterlein /
mich nit sperren ein /
auf alle Zeit /
weiß nicht was ich anfang /
die Zeit wird mir zu lang /
larifari nur /
plaget mein Natur /
Verdrießlichkeit."

Die weitschichtigen Gebäude des Klosters sind solide und schön, und alle Dachungen mit Schiefersteinen gedeckt. *Klement Alois Baader, 1797*

Das Städtchen Lichtenfels liegt unweit dem Kloster in einem schönen Thale, und die Einwohner desselben treiben einen ziemlich beträchtlichen Holzhandel nach den benachbarten Rheingegenden.
Klement Alois Baader, 1797

Das Kloster Banz hat zwar keine wegen Beschwerlichkeit der Zufuhr bequeme, aber eine für das Aug entzückende Lage.
P. Placidus Sprenger, 1803

Hinter Staffelstein fährt man über den Main, und dann den Berg hinauf, auf welchem Banz, als ein großes Prachtgebäude, mit zwei hohen Türmen, ganz einsam liegt, und schon lange vorher einen angenehmen Prospekt gibt. *Wilhelm Heinrich Wackenroder, 1793*

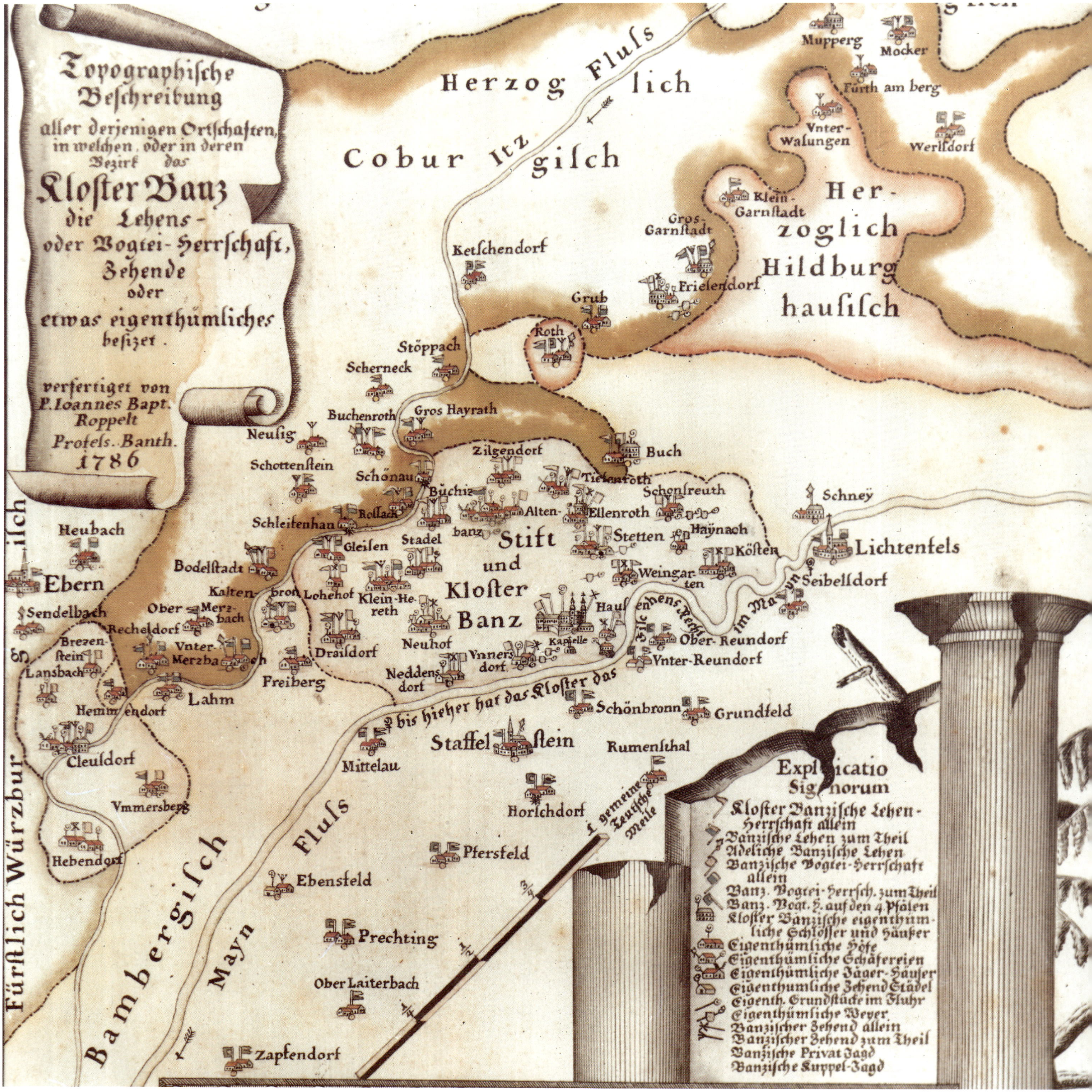

Topographische Beschreibung
aller derjenigen Ortschaften, in welchen, oder in deren Bezirk das
Kloster Banz
die Lehens- oder Vogtei-Herrschaft, Zehende oder etwas eigenthümliches besizet.
verfertiget von P. Ioannes Bapt. Roppelt Profels. Banth. 1786
Herzog lich
Cobur gisch
Itz Fluss
Her zoglich Hildburg hausisch
Mupperg
Mocker
Fürth am berg
Vnter-Walungen
Werlsdorf
Klein-Garnstadt
Gros-Garnstadt
Ketschendorf
Friesendorf
Grub
Roth
Stöppach
Scherneck
Gros Hayrath
Buchenroth
Neusig
Buch
Zilgendorf
Schottenstein
Schönau
Büchig
Alten-banz
Ellenroth
Schonsreuth
Schney
Rossach
Schleifenhan
Stadel
Gleisen
Stift und Kloster Banz
Stetten
Haynach
Lichtenfels
Köften
Seibellsdorf
Weingarten
Heubach
Ebern
Bodelstadt
Kalten-brom
Lohehof
Klein-Hereth
Ober Merzbach
Sendelbach
Recheldorf
Brezenstein
Lansbach
Vnter-Merzbach
Draisdorf
Neuhof
Kapelle
Ober-Reundorf
Vnter-Reundorf
Vnnersdorf
Neddensdorf
Freiberg
Lahm
Hemmendorf
bis hieher hat das Kloster das Fischrecht im Mayn
Schönbronn
Grundfeld
Staffelstein
Rumensthal
Mittelau
Cleusdorf
Vmmersberg
Horschdorf
1 gemeine Teutsche Meile
Hebendorf
Pfersfeld
Ebensfeld
Mayn Fluss
Bambergisch
Fürstlich Würzbur
Prechting
Ober Laiterbach
Zapfendorf
Explicatio Signorum
Kloster Banzische Lehen-Herrschaft allein
Banzische Lehen zum Theil
Adeliche Banzische Lehen
Banzische Vogtei-Herrschaft allein
Banz. Vogtei-Herrsch. zum Theil
Banz. Vogt. H. auf den 4 Pfälen
Kloster Banzische eigenthümliche Schlösser und Häuser
Eigenthümliche Höfe
Eigenthümliche Schäfereien
Eigenthümliche Jäger-Häuser
Eigenthümliche Zehend Städel
Eigenth. Grundstücke im Fluhr
Eigenthümliche Weyer
Banzischer Zehend allein
Banzischer Zehend zum Theil
Banzische Privat Jagd
Banzische Kuppel-Jagd

Besitz und Rechte des Klosters

Besitz war für ein Kloster – wie für andere geistliche Einrichtung – notwendig. Die Erträge ermöglichten den Mönche das erwünschte, der Welt abgewandte Leben. Aber auch für andere Zwecke benötigte das Kloster Einkünfte. Die Klostergebäude, die Amtshöfe und die in Eigenwirtschaft betriebenen Güter waren im Bau zu unterhalten; von Zeit zu Zeit fielen auch Neubauten an. Die klösterlichen Diener, Handwerker und Jäger mußten besoldet werden. Im späten 18. Jahrhundert gab Banz auch viel Geld für die Bewirtung vornehmer Gäste aus; hierfür wurde fast ebensoviel aufgewandt wie für den Unterhalt der Konventualen.

Beträchtliche Aufwendungen hatte die Abtei auch für die Armenpflege. Die Aufgaben in diesem Bereich waren vielfältig, wie Placidus Sprenger unmittelbar vor der Aufhebung des Klosters berichtete: „So werden von der Kellerey alle Quartale die von dazu bestimmten Capitalien abfallenden Zinnsen an eingeschriebene arme Untertanen ausgetheilt, wovon manchmal ein verunglückter Taglöhner wieder eine Kuh erhält. Den Tag nach Lichtmeß werden hundert Gulden ausgetheilt. Es sind gewisse Arme, die, weil sie nichts mehr, oder wenig verdienen können, wöchentlich ihr bestimmtes Brod, auch Mehl zum Kochen empfangen. Arme Kranke bekommen bessere Kost aus der Abteyküche, Trank aus dem Keller, und Medicin aus der Apotheke. Alte Diener und Dienerinnen werden in Ruhe gesetzt und mit guter Wohnung und Kost lebenslänglich versehen. Von Martini bis zum ersten May wird allen armen Schülern zu Altenbanz, [...] deren im vorigen Jahr 22 waren, desgleichen zu Nedensdorf 8, zu Unnersdorf 18, zu Stetten 14, und zu Kösten 6, das nöthige Brod abgereicht [...]. Fünfzehn in der freien Klosterschule genießen diese Wohlthat das ganze Jahr hindurch [...]. Es vergehet selten ein Tag, daß nicht mehrere reisende Handwerksgesellen, dienstlose Jäger, Abentheurer, mitunter auch Herumstreicher einsprächen, und keiner geht leer aus. [...] Gewisse Mendicantenklöster empfangen jährlich ihr bestimmtes Almosen an Getreide, Schmalz, Wolle u. dergl. Kinder armer Unterthanen, die Handwerke erlernen, werden bey dem Aufdingen und Freysprechen mit Geldbeyträgen unterstützet."

Grenzstein des Klosters im Banzer Wald (CB = Closter Banz)

Das Stifterpaar stattete das Kloster mit Besitz im Banzgau sowie mit dem Hof Mupperg und seinen Zugehörungen aus. Es handelte sich dabei wohl nicht um geschlossene Komplexe, so daß Banz in den folgenden Jahrhunderten immer wieder einzelne Güter hinzuerwarb, teils durch Schenkung, teils durch Kauf.

Im wesentlichen aber blieb der Besitz des Klosters aber auf die Erstausstattung beschränkt. So konzentrierte er sich bis zur Aufhebung des Kosters um Banz selbst, am Nordrand des Lichtenfelser Forstes, im Itzgrund, um Effelder und um Mupperg (beides heute Thüringen). Links des Mains und rechts der Itz konnte die Abtei kaum Fuß fassen.

Banz unterschied sich in der Entwicklung seines Grundbesitzes ganz erheblich von Langheim oder Michelsberg. Diese beiden Abteien betrieben bis ins 14. Jahrhundert eine expansive Erwerbungspolitik und erweiterten ihre ursprüngliche Ausstattung erheblich, Langheim die seine sogar um ein Vielfaches. Beide Klöster erwirkten zahlreiche Schenkungen von weltlichen Herren – in der Regel in Form von Grundbesitz – und erhielten dadurch zugleich die finanziellen Mittel, um ihren Besitz durch Kauf oder Tausch weiter auszudehnen.

Banz hingegen wurde nur spärlich beschenkt und war zu Käufen nur selten in der Lage, so etwa 1383, als die Abtei 15 Anwesen in Altenbanz kaufte, 1470, als sie den Ort Schönsreuth erwarb, oder 1500, als sie ihren Besitz in Nedensdorf abrundete. Verkäufer waren in all diesen Fällen Niederadlige.

Der Großteil des Banzer Klostergutes war seit dem späten Mittelalter an adlige Geschlechter des Umlandes verliehen. Dabei handelte es sich zum Teil um einzelne Anwesen oder Grundstücke; klösterliche Mannlehen waren aber ebenso die Rittergüter Buch am Forst (bis 1576), Effelder, Friesendorf (bis 1620), Gleusdorf (bis 1576), Großgarnstadt (bis 1800), Mupperg und Schney. Auch hierin drückte sich enge Verbindung des Klosters mit dem Niederadel der Umgebung aus. Häufig bildete die Vergabe eines klösterlichen Lehens an einen Adligen wohl die Entlohnung für der Abtei erwiesene Dienste. Langfristig lohnte es sich freilich nicht, Besitz an Adlige auszugeben, denn diese mußten – verglichen mit den Abgaben der Bauern, die mit klösterlichen Gütern belehnt wurden – einen geringen Zins zahlen. Die Vergabepraxis schwächte die Wirtschaftskraft der Abtei also erheblich.

Mit dem beträchtlichen Anteil von adligen Mannlehen am Klosterbesitz unterschied sich Banz grundsätzlich von der Zisterze Langheim, die den überwiegenden Teil ihres Grundbesitzes in Form der Erbzinsleihe vergab und den Rest durch Knechte und Mägde oder durch Pächter bewirtschaftete, aber kaum Rittermannlehen ausgab.

Lediglich der Besitz in den Orten rund um das Kloster Banz, wo es meist der einzige Grundherr war (Ausnahme bildeten Gleußen und Herreth), in Altenbanz, Draisdorf, Gleußen, Herreth, Kösten, Nedensdorf, Püchitz, Schönsreuth, Stadel, Stetten, Tiefenroth, Unnersdorf, Weingarten, Zilgendorf – kurz: im sogenannten „Stift“ – und in einigen weiteren Dörfern auf der anderen Mainseite wurde in Form der Erbzinsleihe vergeben. Hinzu kamen seit dem späten 16. Jahrhundert die Güter, die adlige Mannlehen gewesen und nach dem Aussterben des jeweiligen Adelsgeschlechtes im Mannesstamm dem Kloster heimgefallen waren. Dies waren vor allem die Rittergüter Gleusdorf, Buch und Friesendorf mit ihren Zugehörungen.

Erbzinsleihe bedeutet: Die Bauern oder dörflichen Handwerker empfingen ein Anwesen oder einzelne Grundstücke vom Kloster zu Lehen, mußten dafür an mehreren Terminen im Jahr bestimmte Abgaben leisten – nicht zu verwechseln mit Steuern –, konnten ihr Lehen aber im großen und ganzen frei verkaufen, vertauschen, vererben. Diese Leiheform wurde wohl, so dürfen wir in Analogie zu Langheim annehmen, im 15. Jahrhundert allgemein üblich.

Über seine Hintersassen übte das Kloster die niedere Gerichtsbarkeit aus. In den Dörfern des „Stifts“ hatte Banz die Dorf- und Gemeindeherrschaft, ausgenommen nur Herreth, wo Banz sich dieses Recht mit den beiden anderen dort begüterten adligen Grundherren teilen mußte. Die Dorf- und Gemeindeherrschaft, ein Rechtsbündel, das sich im 16. Jahrhundert herausbildete, umfaßte die Kontrolle der gemeindlichen Selbstverwaltung, die Befugnis, eine Dorfordnung zu erlassen, und die Gerichtshoheit – außer bei Gewaltverbrechen – auf öffentlichen Wegen und Plätzen. 1509 verlieh der Bamberger Bischof dem Abt darüberhinaus die Hochgerichtsbarkeit: Im folgenden wurden vor dem banzischen Hochgericht – auch schwere Verbrechen abgeurteilt; allerdings saß der bischöfliche Vogt von Lichtenfels dem Gericht vor, und die meisten Schöffen waren bambergische, nicht klösterliche Untertanen. Leibesstrafen bis hin zur Hinrichtung wurden an der neu geschaffenen Richtstätte beim Kloster vollzogen.

Über 300 Anwesen vergab Banz als Erbzinslehen. Diese Anwesen unterschieden sich ganz erheblich in ihrer Größe, folglich waren auch die banzischen Hintersassen keine einheitliche Masse. Selbst in kleinen Dörfern gab es ein erhebliches wirtschaftliches Gefälle. Dies zeigt bereits die Analyse einer Steuerrechnung von 1525: In Altenbanz etwa, dem größten Ort im „Stift“, besaßen drei der insgesamt 19 Haushalte mehr als die Hälfte des am Ort zu versteuernden Vermögens. In Nedensdorf nannte der reichste Einwohner 400 Gulden sein eigen; neun der 26 Familien versteuerten dagegen weniger als 20 Gulden.

Vom Kloster selbst, d. h. durch Pächter, wurden wohl nur die Schafhöfe Heinach und Neuhof, die Hausener Mühle, zeitweilig auch das dortige Fährgut, einige Höfe in Altenbanz und Draisdorf sowie der Hof Gnellenroth bewirtschaftet. Vom Kloster selbst bewirtschafteter Besitz waren ferner Fischteiche, um 1800 bei Schönsreuth und Stetten, früher ebenso bei Altenbanz, und der Banzer Wald, in dem die Abtei auch das Jagdrecht besaß (und wahrnahm).

Zu den Abgaben der Hintersassen und dem, was die Eigenwirtschaft eintrug, kamen noch Erträge aus Geldern, die das Kloster – zu den allgemein üblichen fünf Prozent Jahreszins – verlieh, sowie die Schutzgelder, die die auf banzischen Lehen lebenden Juden in Gleusdorf und Untermerzbach zu zahlen hatten.

Zu Seite 198/199
Schon in der weitesten Ferne hat dieses sehr solid gebaute Stift ein ausserordentliches gutes Ansehen, und es vermindert solches bei dem Eintritt in dasselbe gar nicht. *Friedrich Carl Gottlob Hirsching, 1792*

Auch wenn die barocke Klosteranlage auf recht großen Reichtum hinzudeuten scheint: Der Banzer Besitz war, stellt man die Benediktinerabtei anderen Klöstern gegenüber, eher bescheiden.

1515 beschloß das Mainz-Bamberger Provinzialkapitel der Benediktiner, von den Klöstern der Provinz eine Steuer zu erheben; den Klöstern wurden Zahlungen entsprechend ihrer Wirtschaftskraft auferlegt. Dabei hatte Banz vier Gulden zu entrichten; weniger hatten nur zwei der 14 Klöster im Bistum Würzburg zu zahlen, das Schottenkloster St. Jakob in Würzburg (2) und Aura an der Saale (3), ebenso viel wie Banz sollte die Abtei Schlüchtern geben. Mönchröden bei Coburg und Münsterschwarzach dagegen wurde das Doppelte abverlangt, St. Stephan in Würzburg das Dreifache. Das Kloster Michelsberg in Bamberg hatte mit 18 Gulden mehr als viermal so viel wie Banz zu geben, und selbst das nahm sich noch bescheiden aus, verglichen mit den 30 Gulden, die von der Reichsabtei Fulda gefordert wurden. Ähnlich hatte es sich schon 1493 verhalten: Banz waren damals sechs Gulden abverlangt worden, Theres acht, Mönchröden zehn, Münsterschwarzach und St. Stephan 20, St. Michael in Bamberg 30, Fulda 50.

Den Befund, daß Banz um 1500 unter den fränkischen Prälatenklöstern zu den ärmeren zählte, wird bestätigt durch die Bamberger Türkensteuerliste von 1481. Während die Klöster Michelsberg und Langheim je 280 Gulden zahlen mußten, wurde Banz nur auf 70 taxiert – und nicht einmal diesen Betrag konnten Abt und Konvent aufbringen. Wegen Armut wurden dem Kloster 45 Gulden erlassen.

Um 1800 beliefen sich die jährlichen Einkünfte des Klosters Banz auf etwa 45000 Gulden; Langheim nahm mehr als das Doppelte ein, 103000 Gulden. Damals war Banz in 78 Orten begütert, Michelsberg in 136, Langheim sogar in 230. Zwar lassen die Zahlen keinen unmittelbaren Vergleich zu – die Zahl der Orte sagt nichts aus über den Umfang des Besitzes, da die Klöster in einem Dorf über viele Anwesen, andernorts nur über einen Acker verfügten. Doch zeigen die Zahlen, daß Banz als Grundherr ein wesentlich kleineres Gebiet geprägt hat als die beiden anderen Klöster. Michelsberg und Langheim strahlten aber nicht nur in Hinblick auf ihren Grundbesitz weiter aus als Banz, auch ihr geistlicher Einflußbereich war größer. Bis in die Reformationszeit hatte die Abtei Banz das Patronatsrecht über drei Pfarreien – Mupperg, Effelder und Seibelsdorf –, das sie bei der Einführung der Reformation in Kursachsen bzw. im Markgraftum Brandenburg-Kulmbach verlor. Nur mehr eine geistliche Pfründe, das Apostel-Benefizium an der Eberner Pfarrkirche, konnte Banz fortan besetzen. Langheim hingegen präsentierte bis zur Reformation mindestens 16 Pfarrer, später immerhin noch fünf; der Michelsberger Abt hatte bis zur Reformation an wenigstens 13 Orten das Recht, dem Bischof verbindlich den Pfarrer vorzuschlagen; die meisten Patronate behielt das Klosters über das Reformationsjahrhundert hinaus.

Mochte der Grundbesitz von Banz auch vergleichsweise bescheiden sein, den Äbten des 17. und 18. Jahrhunderts gelang es, die Wirtschaftsführung zu verbessern und mithin den Ertrag aus dem Besitz zu erhöhen. So bemerkte der bayerische Minister Montgelas 1803, nach der Auflösung des Klosters, daß „die Abtey Banz in Rücksicht auf die Vermögensumstände jener zu Langheim gleichkömmt und durch eine besonders gute Verwaltung sich vor den übrigen auszeichnet“.

Den Besitz des Klosters nahm im späten 18. Jahrhundert der Konventuale Johann Baptist Roppelt auf. So fertigte er 1785 eine „Geographische Karte von allen Klösterlichen Besitzungen und Gerechtsamm“, aus der hier (S. 194) ein Ausschnitt abgebildet ist. Diese und eine weitere „geographische Karte von hiesiger Gegend von allen Seiten auf 6 bis 7 Stunden hinaus“ schenkte er dem Abt, der sie in seinem Wohnzimmer aufhängen ließ.

Aber Roppelt zeichnete nicht nur derartige Übersichtskarten, sondern beschrieb und vermaß auch einzelne dem Klosterlehenbare Anwesen und Grundstücke, um vorbildlich genaue Urbare anzulegen (siehe S. 72).

Schloß Buch am Forst

1225 schenkte Hugo von Merzbach dem Kloster Banz seinen Allodialbesitz in Buch am Forst. Mit der Burg, die hier stand, belehnte die Abtei spätestens seit 1530 die Herren von Kunstadt (nicht zu verwechseln mit den Marschalk von Kunstadt). Der letzte männliche Angehörige dieses Geschlechts, Heinz von Kunstadt, starb 1546. Nun belehnte das Kloster seine Mutter und seine Schwester Cordula, die in erster Ehe den Coburger Kanzler Georg von Könitz, in zweiter Wilhelm von Lichtenstein heiratete. Nach ihrem Tod im Jahr 1578 fiel das Rittergut Buch dem Kloster heim.

Das Kloster wandelte den Adelssitz im folgenden zum Amtshaus um. Von hier aus verwaltete der Vogt, seit 1764 der Amtmann – ein Konventuale von Banz – den umfangreichen klösterlichen Besitz in den sächsischen Territorien, der sich auf 27 Orte verteilte. Ferner wohnten in Buch der Abt, Mönche und Gäste des Klosters, wenn sie auf der Jagd waren.

Den ehemals kunstadtischen Ansitz ließ Abt Benedikt Lurz 1721/22 von neuem bauen. 1722/23 fügte er eine „Stallung für Pferd undt Hornvihe sambt einen sauberen Thor […] von puren Steinen" hinzu. Der Architekt von Schloß und Stall ist unbekannt. Zu denken ist an Johann Dientzenhofer, der damals noch für den Neubau des Klosters tätig war, aber auch an den Staffelsteiner Baumeister Johann König, der Dientzenhofers Pläne für Banz ausführte.

Im Schloß wurde 1724/25 eine der Kindheit Jesu geweihte Kapelle eingerichtet, in der die wenigen Bucher Katholiken Gottesdienst feiern konnten. Zum klösterlichen Amtshaus gehörten um 1800 mehrere Nebengebäude, darunter „ein ansehnliches Bräuhaus".

Nach der Säkularisation ging das Bucher Schloß wie der gesamte Klosterbesitz an den bayerischen Staat über. Es wurde dem letzten Abt, Gallus Dennerlein († 1820), auf seinen eigenen Wunsch hin als Wohnsitz zugewiesen. Er zog es dem Schloß Gleusdorf, das ebenso in Frage gekommen wäre, vor, da er in

Buch mehreren seiner Mönche und dem Abt von Langheim, der in Trieb lebte, näher war. Ferner wollte er gewährleisten, daß für die wenigen Bucher Katholiken weiterhin Gottesdienste in der Schloßkapelle zelebriert würden.

1826 kaufte der aus dem Nachbarort Obersiemau stammende Arzt Christian Friedrich Stockmar (1787–1863), einer der bedeutendsten Diplomaten des 19. Jahrhunderts, das Schloß. Stockmar, 1821 in den Adelsstand erhoben, war von 1816 bis 1834 Leibarzt und Berater des in England lebenden Prinzen Leopold von Sachsen-Coburg-Saalfeld, der 1831 die belgische Königswürde annahm; von 1837 an diente Stockmar Königin Victoria von Großbritannien als Privatsekretär, später beriet er ihren Gemahl Albert. Im Besitz seiner Nachkommen ist das Schloß bis heute geblieben.

Schloß Gleusdorf

In Gleusdorf stand einst ein adliger Sitz. Geschützt wurde er durch die wenige Meter entfernt vorüberfließende Itz und einen von ihr abgeleiteten Kanal, der die Burganlage unschloß. Allerdings war er 1620 schon „von vilen Jahrn hero [...] verschütt". Mit diesem Gut belehnte das Kloster Banz zunächst eine Familie „von Gleusdorf", spätestens seit dem 15. Jahrhundert die Herren von Füllbach.

1576 starb dieses Adelsgeschlecht im Mannesstamm aus; das Rittergut fiel dem Kloster heim und wurde in ein Klosteramt umgewandelt, dem bis 1736 ein weltlicher Vogt, dann ein Banzer

Amtswappen des Abtes Valerius Molitor über dem Haupteingang von Schloß Gleusdorf

Konventuale vorstand. Das Amt bestand aus Gleusdorf selbst und dem einst zum Rittergut gehörigen banzischen Besitz in der näheren Umgebung, der sich auf zwölf Orte verteilte.

Zwischen 1772 und 1774 wurde ein neuer, schloßartiger Amtshof errichtet. Wer diesen Bau geplant hat, ist unklar. Die Pläne, die der Konventuale Johann Baptist Roppelt für den Neubau fertigte, wurden wohl nicht verwirklicht. Am ehesten kommt als Architekt der Staffelsteiner Baumeister Sebastian Weber (1730–1783) in Frage, der in den Vorjahren erhebliche Teile des Banzer Innenhofs geplant und ausgeführt hatte.

Roppelt beschreibt den Amtshof 1801 wie folgt: „Das Schloß liegt sehr angenehm an der Itz, über welche auch dabey eine hölzerne Brücke geht: es ist mit schönen Wiesen umgeben, welche großen Theils dem Kloster gehören. Aus diesem Schloß hat man die herrlichste Aussicht über den Itzgrund". Und sein Mitbruder Ildephons Schatt urteilte zwei Jahrzehnte später, das Schloß sei „unstreitig Eines der schönsten und anmuthigsten im ganzen Itzgrunde".

Nach der Säkularisation des Klosters wurde das Gleusdorfer Schloß Sitz eines Landgerichtes und blieb es bis 1807; dann übersiedelte die Behörde nach Baunach, um jedoch ab 1833 für einige Jahre nach Gleusdorf zurückzukehren. Der Sprengel des Gerichtes umfaßte ursprünglich 39, später 51 Ortschaften, die vornehmlich zwischen Itz und Baunach sowie in einen Landstreifen links der Itz und rund um Baunach lagen; er erstreckte sich von Lauter im Süden bis Gleußen im Norden. Das für dieses Gebiet zuständige Rentamt befand sich allerdings nicht in Gleusdorf, sondern in Rattelsdorf.

Das Schloß ging nach 1807 in Privatbesitz über. 1819 wohnte hier ein „Schweizerkäsefabrikant" aus dem Kanton Luzern; später wurde eine Spinnerei eingerichtet. In den 20er Jahren unseres Jahrhunderts betrieb Wilhelm Schult, Studienrat und Priester der amerikanischen Diözese Little Rock, hier ein Studienseminar. Von ihm kaufte der Pallotinerorden, dem seit 1921 Schloß Untermerzbach gehörte, den Bau. 1951 übernahmen die Theresien-Schwestern vom katholischen Apostolat, die bis dahin den Haushalt geführt hatten, das Schloß und richteten darin ein Müttererholungsheim ein, an dessen Stelle später ein Altenerholungsheim trat. 1982 veräußerten sie das Schloß. 1990 wechselte es erneut den Besitzer; die neuen Eigentümer haben Schloß Gleusdorf zum Altenpflegeheim umgestaltet.

Weg nach Gnellenroth

Gnellenroth

Bereits im 9. Jahrhundert gehörte „Knellenrode“ mit seinen sechs Huben zum Herrschaftsbezirk Banz. In der Neuzeit bestand Gnellenroth freilich nur aus einem Einzelhof.

Bei diesem Anwesen ließ Abt Benedikt Lurz von 1727 bis 1729 „einen stattlichen Hof [...] zur Belustigung seiner Geistlichen erbauen“ (Roppelt). Als Baumeister kommt am ehesten Johann König († 1741) aus Staffelstein in Frage, der zur selben Zeit die Terrasse des Klosters baute. Für die Ortswahl war sicherlich ausschlaggebend, daß – so Johann Baptist Roppelt – Gnellenroth „in einer angenehmen Gegend“ liegt und „eine herrliche Aussicht gegen den Mayngrund“ hat.

Um 1800 wurde das bis dahin für die Konventualen bestimmte Schlößchen dem Gnellenrother Hofbauern als Wohnhaus zugewiesen.

Der Heinach-Hof

Der Heinach-Hof bestand 1801 aus „Haus, Stadel und einem neu erbauten Schaafhaus". Nachgewiesen ist dieser klösterliche Schafhof seit 1525; damals, im Bauernkrieg, wurde er wie das Kloster von Aufständischen ausgeplündert.

Das Erdgeschoß des bestehenden Wohngebäudes geht zum Teil zurück auf einen Neubau unter Abt Johann Burkhard (1575–1598). Der steinerne Schafstall entstand 1726 unter Abt Benedikt Lurz, der auch zwei Jahre später erstmals einen Brunnen graben ließ. Unter Abt Gregor Stumm wurde der Hof 1753 umgebaut; das Obergeschoß aus Fachwerk stammt wohl aus diesem Jahr.

1950 brannte das Schafhaus ab. Das Hauptgebäude war schon in den 60er Jahren stark baufällig; obendrein stürzte 1977 das Dach ein und wurde nur notdürftig wiederhergestellt.

Zu Seite 210/211
Eines der Dörfer im „Stift“ Banz war Nedensdorf. Seit dem frühen 16. Jahrhundert waren alle Anwesen Lehen des Klosters. 1801 gab es im Ort ein „Gemeindehaus mit Thurm und Glocke“, ein „Bräuhaus“, das allerdings nicht benutzt werden konnte – die fürstbischöfliche Regierung in Bamberg gestattete das Brauen nicht –, sowie „3 mit Haus, Stadel und Nebengebäuden versehene Höfe, 5 mit Haus und Stadel bebaute Güter, 11 halbe bebaute und ein halbes unbebautes Gut, dann 13 mit Haus und Stadel bebaute Söldengüter“. Eines der Güter gehörte dem Nedensdorfer Fährmann, der das Schank- und das Fischrecht hatte.

Amtswappen des Abtes Gregor Stumm über der Tür der ehemaligen Mühle in Hausen

Die Mühle in Hausen

Hausen, am Fuß des Banzberges gelegen, bestand um 1800 aus nur drei Anwesen: einem Söldengut, einem seit 1407 nachweisbaren Fährhaus, das – spätestens seit dem 16. Jahrhundert – auch Schankrecht hatte, und einer Mühle.

Die Mühle, deren Mühlbach vom Main abgeleitet war, erscheint seit 1525 in den Quellen. 1577 errichtete Abt Johann Burkhard einen Neubau, von dem noch die Bauinschrift erhalten ist. 1745 wurde er durch das bestehende Gebäude ersetzt. Die Mühle ist ganz aus Sandsteinquadern gebaut. Über der Tür ließ der Bauherr, Abt Gregor Stumm, sein Amtswappen anbringen. Bei der Mühle handelte es sich um eine „Mahlmühle mit 4 Gängen, welche von 2 Wasseradern getrieben werden, nebst Schneid- und Schlaggang".

Die Mahlmühle wurde noch um 1850, die Schneidmühle bis in unser Jahrhundert betrieben.

RÖSLER

Marter von 1758 am Nordhang des Banzberges
In einem Fenster des Aufsatzes sind die 14 Nothelfer in Form des Kinderkranzes dargestellt.

Gegenüber vom Kloster liegt auf einem Hügel die Wallfahrtskirche Vierzehnheiligen genannt. *Klement Alois Baader, 1797*

Vierzehnheiligen

Zwischen der Wallfahrtskirche Vierzehnheiligen und dem Kloster Banz gab es mannigfaltige Beziehungen: Abt Benedikt Lurz ließ 1728 in der Klosterkirche einen Altar zu Ehren der 14 Nothelfer aufrichten; ein Heiliger aus dieser Gruppe, der Märtyrer Dionysius, war ohnedies Patron der Klosterkirche. Und als Balthasar Neumann die Vierzehnheiligen-Kirche plante, richtete er die Raumachse so aus, daß sie nach Banz weist.

Wohl als erste Wallfahrtsstätte der Christenheit geht Vierzehnheiligen auf Erscheinungen zurück. Ein Schäfer – sein Vater war vermutlich der Pächters des benachbarten Gutshofes Frankenthal, der dem Kloster Langheim gehörte – sah am 17. September 1445 ein Kind auf einem Acker sitzen; als er es aufheben wollte, verschwand es. Wenig später erschien ihm das Kind erneut, diesmal flankiert von brennenden Kerzen. Als er am 29. Juli 1446 an derselben Stelle das Kind inmitten eines Kreises von 14 weiteren Kindern erblickte, fragte er es, wie ihm ein Priester geraten hatte, wer es sei oder was es wolle, und er erhielt die Antwort: „Wir sein die viertzehn Nothelffer und wöllen ein Cappeln haben, auch gnediglich hie rasten, und biß [du] unser Diener, so wöllen wir dein Diener wieder sein." Einige Tage darauf sahen er und eine Frau, die er herbeigerufen hatte, am selben Ort zwei brennende Kerzen.

Im Kloster Langheim wurde dem Schäfer erst geglaubt, als der hoffnungslos scheinende Zustand einer kranken Magd sich nach Anrufung der 14 Nothelfer gebessert hatte. Der Abt von Langheim ließ ein Kreuz am Erscheinungsort aufrichten und begann mit dem Bau einer Kapelle (geweiht 1457). Durch Ablässe gefördert, entwickelte sie sich zum vielbesuchten Wallfahrtsort. Die seelsorgerlichen Aufgaben nahm ein Konventuale von Langheim wahr; bis zur Aufhebung dieses Klosters im Jahr 1803 lag die geistliche Betreuung der Wallfahrer in den Händen dieses Zisterzienserklosters. Bis aus Mainfranken, dem Egerland, dem Erzgebirge strömten im 15. Jahrhundert Gläubige an den Gnadenort; selbst Kaiser Friedrich III. besuchte ihn dreimal. Die Blüte der Vierzehnheiligen-Wallfahrt rührt her von dem hohen Stellenwert, den die Heiligenverehrung im späten Mittelalter genoß.

1525, im Bauernkrieg, der im Hochstift Bamberg auch deutliche reformatorische Züge trug, brannten die Aufständischen die Kapelle nieder; erst 1543 wurde der Neubau fertiggestellt. Die Wallfahrt, die in der Reformationszeit offenbar weitgehend zum Erliegen gekommen war, wurde im Zuge der Gegenreformation wieder belebt. Im 17. Jahrhundert setzte eine neue Blütezeit der Wallfahrt ein, die auch staatliche Beschränkungen des beginnenden 19. Jahrhunderts überstand. Nach der Aufhebung des Klosters Langheim übernahmen Dominikaner aus Bamberg die geistliche Betreuung der Gläubigen. 1839 übernahmen, veranlaßt durch König Ludwig I. von Bayern, Franziskaner diese Aufgabe. In ihren Händen liegt die Wallfahrtsseelsorge bis heute.

Schon um 1700 entsprach die Kapelle ihrer Größe und ihrem Bauzustand nach nicht mehr den Erfordernissen, die sich aus dem Zustrom der Wallfahrer ergaben. Doch erst 1743 wurde der Neubau nach Plänen des Würzburger Architekten Balthasar Neumann begonnen. Der sachsen-weimarische Baumeister Gottfried Heinrich Krohne, der im Dienst des Klosters Langheim den Bau überwachte, veränderte jedoch das Konzept, so daß Neumann, da an Abriß und Neubau nicht zu denken war, 1744 zu grundlegenden Umplanungen gezwungen war. Im folgenden kontrollierte den Bau der Bamberger Architekt Johann Jakob Michael Küchel, der auch den Gnadenaltar und die Kanzel entworfen hat. Ausgeführt wurden die Bauarbeiten von dem Staffelsteiner Johann Thomas Nißler, der um dieselbe Zeit die Gebäude im Vorhof des Klosters Banz – zumindest teilweise nach eigenen Plänen – errichtete. Nach 20 Jahren war der Rohbau fertiggestellt. Stuckiert wurde die Kirche durch die Wessobrunner Künstler Johann Michael und Franz Xaver Feichtmayer sowie Johann Georg Üblher. Fresken und Altarblätter schuf Joseph Ignaz Appiani. 1772 konnte die Wallfahrtskirche von dem Bamberger Bischof Adam Friedrich von Seinsheim eingeweiht werden.

1835 brannten die Turmhauben und das Dach des Gotteshauses ab. Das Notdach, das die Kirche daraufhin erhielt, schützte sie nicht genügend vor dem Regen; die Gewölbefresken litten Schaden. Zwischen 1848 und 1871 ersetzte Augustin Palme sämtliche Fresken, Altarblätter und Supraportes durch eigene Werke im nazarenischen Stil.

Während des Ersten Weltkrieges wurde der Innenraum der Basilika – dazu war die Kirche 1897 erhoben worden – von Anton Ranzinger und Kaspar Schleibner weitgehend rück-restauriert. Die Arbeiten Palmes sollten beseitigt werden; ganz gelang dies nicht, denn die Altarblätter Appianis waren verloren. Auch blieben einige Fresken von Palme erhalten.

Die letzte Restaurierung wurde in den Jahren 1983 bis 1990 durchgeführt. Ihre Ziele waren vor allem, die Deckenbilder Appianis über dem Hoch- und dem Gnadenaltar – soweit erhalten – von den Übermalungen durch Ranzinger zu befreien, alle übrigen Bilder zu reinigen und die ursprüngliche Farbigkeit der Wandflächen wiederherzustellen. Ferner wurde ein Appiani-Fresko unter der nördlichen Seitenempore freigelegt. Ergänzt wurden in den Zwickeln unterhalb des zentralen Deckenfreskos die allegorischen Darstellungen der acht Seligkeiten – von Appianis Bildern waren nur wenige Reste erhalten – durch den österreichischen Künstler Herbert Schwaha.

Vierzehn Heiligen groß bei Gott
O so helfet uns in Not und Tod!

Hl. Dionysius am Gnadenaltar in Vierzehnheiligen

Zeittafel

9. Jh. — Auf dem Banzberg entsteht eine Burganlage. In Altenbanz wird eine Kirche gebaut.

10. Jh. — Auf dem vordersten Sporn des Banzberges errichten die Grafen von Schweinfurt eine Burg.

1057 — Herzog Otto von Schwaben, der letzte Schweinfurter, stirbt. Seine Tochter Alberada erbt die Burg Banz.

um 1070 — Alberada und ihr Mann, Graf Hermann von Habsberg-Kastl, stiften ein Benediktinerkloster in ihrer Burg Banz und übertragen es der Bamberger Kirche als Eigenkloster.

1114 — Bischof Otto I. von Bamberg erneuert das klösterliche Leben in Banz.

vor 1127 — Graf Rapoto von Abenberg trägt seine Erbvogtei über Banz dem Bamberger Bischof zu Lehen auf.

1187 — Die Vogtei über Banz fällt dem Bamberger Bischof heim.

13. Jh. — Die Aufteilung des Klostervermögens in Einzelpfründen beginnt.

14.–16. Jh. — Dem Konvent gehören vornehmlich Mönche adliger Herkunft an.

1505 — Große Teile der Klosteranlage werden durch Brand vernichtet.

1525 — Einwohner von Lichtenfels und Staffelstein plündern im Bauernkrieg das Kloster und seine Schafhöfe. Die Klosteranlage wird niedergebrannt. Drei der sechs Mönche legen das Ordenskleid ab.

1529 — Alexander von Rotenhan († 1554) wird zum Abt gewählt und beginnt mit dem Neubau des Klosters.

1531 — Abt Alexander gründet eine Klosterschule für etwa zehn adlige und vier nichtadlige Schüler, die bis 1574 besteht.

1565 — Das Hochstift Würzburg und Sachsen erheben Anspruch auf die Landeshoheit über Banz, die bis dahin das Hochstift Bamberg ausgeübt hatte. Im folgenden wird das Kloster mehrfach militärisch besetzt.

1568 — Eine kaiserliche Schiedskommission spricht die Landeshoheit Bamberg und Würzburg zu. Die sächsischen Ansprüche werden durch eine Zahlung abgegolten. Abt Georg Truchseß von Henneberg († 1598) muß seine Würde resignieren. Bis 1574 verwalten bambergische und würzburgische Beamte das Kloster gemeinsam. Die Streitigkeiten zwischen den beiden Hochstiften dauern bis ins späte 17. Jh. an, als sie im wesentlichen zugunsten Bambergs entschieden wurden.

1574 — Heinrich von Jestetten wird von Würzburg als Abt eingesetzt. Wie sein Vorgänger hat er nur einen Konventualen, Konrad Modschiedler von Görau († 1597).

1575 — Der letzte adlige Abt, Heinrich, stirbt. Bischof Julius Echter von Würzburg läßt Johann Burkhard († 1598) zum Abt wählen, der die Reform durchführt. Nicht-Adlige werden fortan als Mönche aufgenommen.

1632 — Mit dem Einmarsch der Schweden in Franken beginnen die Bedrängnisse des Dreißigjährigen Krieges für Banz.

1664 — Otto de la Bourde († 1708) wird zum Abt gewählt. 1677 legt er diese Würde nieder. Als kaiserlicher Diplomat (ab 1672) und Bischof von Gurk (ab 1697) unterstützt er das Kloster mit erheblichen Summen.

1698 — Der barocke Neubau des Klosters beginnt mit umfangreichen Abbrucharbeiten und der Errichtung des im 19. Jh. beseitigten Krankenhauses.

1719 — Die neuerrichtete Klosterkirche wird geweiht.

1721/22 — Das Schloß Buch am Forst wird durch einen Neubau ersetzt.

1731 — Gregor Stumm († 1768) wird zum Abt gewählt. Er nimmt besonders begabte Männer als Mönche auf, vergrößert die Bibliothek, richtet ein Naturalien- und ein Münzkabinett ein. Dadurch begründet er den wissenschaftlichen Ruf des Klosters im späten 18. Jh.

1772 — Mit der Fertigstellung des „Hungerbaus" ist der Neubau der barocken Klosteranlage abgeschlossen.

1772/74 — Der Neubau des Schlosses Gleusdorf entsteht.

1772–1798 — Der Banzer Konventuale Placidus Sprenger (1796 löst ihn Columban Flieger ab) gibt eine gelehrte Zeitschrift heraus.

1781–1790 Am Hang des Banzberges entsteht eine terrassenförmige Parkanlage.
1802 Die Hochstifte Bamberg und Würzburg werden dem Kurfürstentum Bayern einverleibt.
1803 Der Kurfürst von Bayern hebt das Kloster auf. Banz wird Sitz eines Landgerichtes und Rentamts. Die Pfarrei Banz wird gegründet.

1813/14 Herzog Wilhelm in Bayern (1752–1837), der Schwager des Königs von Bayern, erwirbt Banz als Sommerresidenz, baut die ehemalige Klosteranlage um und richtet in der Gruft die Familiengrablege ein. Das Landgericht wird aufgelöst, ein herzogliches Herrschaftsgericht gebildet.
1827 Herzog Wilhelm kauft den Banzer Wald.
1834 Herzog Wilhelm übergibt seinen Besitz seinem Enkel, Herzog Maximilian in Bayern (1808–1888).
1837 Herzog Wilhelm stirbt in Bamberg und wird in der Banzer Gruft beigesetzt. Seine Nachkommen besuchen Banz immer seltener.
1848 Das herzogliche Herrschaftsgericht wird in eine Gerichts- und Polizeibehörde umgewandelt.
1851 Die Gerichts- und Polizeibehörde wird aufgelöst; Banz und Umgebung werden dem Landgericht Lichtenfels angegliedert.
1859 Joseph Victor von Scheffel verbringt zwei Monate in Banz.
1883 Tegernsee wird anstelle von Banz Grablege der herzoglichen Familie. Die in der Banzer Gruft beigesetzten Familienmitglieder werden dorthin überführt.
1920 Die herzogliche Familie verpachtet Banz an Trappisten aus dem Kloster Ölenberg.
1925 Die Trappisten geben Banz auf und übersiedeln nach Engelszell an der Donau.

1933 Herzog Ludwig Wilhelm in Bayern verkauft Banz an die Gemeinschaft von den heiligen Engeln, behält aber den Banzforst. Banz wird Zentrum der Auslandsdeutschen-Mission.
1943 Der Gründer der Gemeinschaft, Bischof Franz Xaver Geyer, stirbt und wird in der Kirche begraben.
1978 Die Gemeinschaft von den heiligen Engeln verkauft Banz an die Hanns-Seidel-Stiftung, die die Klosteranlage im folgenden zum Tagungszentrum umbaut.

Literatur zur Geschichte von Banz (in Auswahl)

Allgemein

Alt, Hans-Werner: Kloster Banz. Königstein i. T. ²1991. – Dippold, Günter: Vom „Spital des Adels“ zur „Mutter so vieler Gelehrten“. In: St. Heinrichskalender 67 (1992), S. 53–58. – Hemmerle, Josef: Die Benediktinerklöster in Bayern. Ottobeuren/Augsburg 1970, S. 57–61. – Oesterreicher, Paul: Geschichte der Herrschaft Banz. 2. Theil. Bamberg 1833. – Pfuhlmann, Heinz: Kloster Banz. In: Staffelstein. Die Geschichte einer fränkischen Stadt. Staffelstein 1980, S. 253–264. – Roppelt, Johann Baptist: Historisch-topographische Beschreibung des Kaiserlichen Hochstifts und Fürstenthums Bamberg. Nürnberg 1801, S. 174–217.

Geologischer Überblick

Gudden, Helmut: Die Thermalsolquelle Staffelstein. In: Staffelstein (wie oben), S. 219–232. – Kerner, Elmar: Die Eisengruben um den Alten Staffelberg im 20. Jahrhundert. In: Vom Main zum Jura, Heft 4 (1987), S. 111–130. – Schirmer, Wolfgang: Reichtümer der Erde um Staffelstein. In: Staffelstein (wie oben), S. 23–52. – Schwarzbach, Martin: Das Klima der Vorzeit. Stuttgart 1988.

Vorgeschichte, Gründung und Frühzeit des Klosters

Bosl, Karl: Das Nordgaukloster Kastl. In: Verhandlungen des Historischen Vereins von Oberpfalz und Regensburg 89 (1939), S. 3–186. – Dippold, Günter: „non verus et proprius monasterii fundator“. Otto und Kloster Langheim. In: 125. Bericht des Historischen Vereins Bamberg (1989), S. 339–358. – Endres, Rudolf: Die Rolle der Grafen von Schweinfurt in der Besiedlung Nordostbayerns. In: Jahrbuch für fränkische Landesforschung 32 (1972), S. 1–43. – Guttenberg, Erich Frhr. von: Die Territorienbildung am Obermain. Bamberg 1927. – Hallinger, Kassius: Gorze – Kluny. Rom 1950. – Heins, Walter: Beziehungen der Coburger Landschaft zum Obermain-Gebiet und Frankenwald im Hochmittelalter. In: Coburger Monatsblätter 1953/54, S. 12–15, 68–78. – Hirsch, Hans: Die echten und unechten Stiftungsurkunden der Abtei Banz. Wien 1919. – Kuhn, Martin: Vor 900 Jahren. Zur Stiftung und Gründung von Kloster Banz im Herbst 1069. In: Geschichte am Obermain 5 (1968/69), S. 79–95. – Kunstmann, Heinrich: Der oberfränkische Ortsname Banz. In: Die Welt der Slaven 26 (1981), S. 62–66. – Ders.: Noch einmal Banz. In: Die Welt der Slaven 27 (1982), S. 352–358. – Lorenz, Walter: Die Herren von Razenberg. In: Jahrbuch für fränkische Landesforschung 11/12 (1953), S. 261–276. – Maierhöfer, Isolde: Geschichtlicher Überblick. In: 100 Jahre Landkreis Staffelstein. O. O. 1962, S. 19–86. – Metz, Wolfgang: Eine Quelle zur Geschichte der fränkischen Reichsgutverwaltung. In: Deutsches Archiv 11 (1954/55), S. 207–219. – Oefele, Edmund Frhr.: Geschichte der Grafen von Andechs. Innsbruck 1877. – Pfuhlmann, Heinz: Hermann und Alberada. Die Gründer von Banz und ihre Darstellung durch das Kloster. Lichtenfels 1983 (Fränkische Heimat am Obermain 20). – Ders.: Der Lichtenfelser Alberada-Brunnen auf zwei Landkarten des frühen 18. Jahrhunderts. In: Vom Main zum Jura, Heft 5 (1988), S. 43–52. – Ders.: Bischof Otto der Heilige und Kloster Banz. In: Vom Main zum Jura, Heft 6 (1991), S. 11–17. – Schöffel, Paul: Die Großpfarrei Altenbanz. In: Zeitschrift für bayerische Kirchengeschichte 13 (1938), S. 129–143. – Schütz, Joseph: Das sogenannte Banzer Reichsurbar als Quelle slawischer Ortsnamen in Oberfranken. In: Jahrbuch für fränkische Landesforschung 46 (1986), S. 27–43. – Schwarz, Klaus: Der frühmittelalterliche Landesausbau in Nordost-Bayern archäologisch gesehen. In: Ausgrabungen in Deutschland. Teil 2. Mainz 1975, S. 338–409. – Ders.: Altenbanz. In: Lexikon des Mittelalters. Bd. 1. München / Zürich 1977–80, Sp. 466 f. – Sprenger, Placidus: Diplomatische Geschichte der Benedictiner Abtey Banz in Franken von 1050 bis 1251. Nürnberg 1803.

Banz vom 14. Jahrhundert bis 1575

Dietz, Bernhard: Der Bauernkrieg im Obermaintal. Lichtenfels 1925/26. – Dippold, Günter: Die Banzer Klosterschule 1531–1575. In: Festgabe Gerd Zimmermann zum 65. Geburtstag. Bamberg 1989, S. 155–180. – Ders.: Schüler der Banzer Klosterschule zwischen 1533 und 1574. In: Blätter für fränkische Familienkunde 14 (1991), S. 39–48. – Heins (wie oben) – Hochholzer, Elmar: Das Kloster Banz in der Reformationszeit. In: Würzburger Diözesangeschichtsblätter 45 (1983), S. 75–91. – Ders.: Die Benediktinerabteien im Hochstift Würzburg in der Zeit der katholischen Reform (ca. 1550–1618). Neustadt a. d. Aisch 1988. – Pfuhlmann, Heinz: „Spenn, Zwytrecht, Gebrechen und Widerwillen“. Zwei Schiedsverträge des Bamberger Bischofs Heinrich III. Groß von Trockau zwischen Abt und Konvent des Klosters Banz von 1488 und 1490. In: Geschichte am Obermain 16 (1987/88), S. 49–65.

Banz von 1575 bis zum Beginn des 18. Jahrhunderts

Bittner, Ludwig/Groß, Lothar: Repertorium der diplomatischen Vertreter aller Länder. 1. Bd. Berlin 1936. – Heß, Salesius: Das Kloster Banz in seinen Beziehungen zu den Hochstiften Bamberg und Würzburg unter Abt Johannes Burkard. München 1935. – Hochholzer (wie oben). – Obersteiner, Jakob: Die Bischöfe von Gurk 1072–1822. Klagenfurt 1969, S. 420–424. – Wendehorst, Alfred: Eucharius Weiner. In: Fränkische Lebensbilder. Bd. 5. Würzburg 1973, S. 173–189.

Banz in der zweiten Hälfte des 18. Jahrhunderts

Andrian-Werburg, Klaus Frhr. von: Früher Großhandel in Sachsen-Coburg. Das Handelshaus Meyer & Co. in Neustadt. In: Jahrbuch der Coburger Landesstiftung 24 (1979), S. 137–146. – Baader, Klement Alois: Reisen durch verschiedene Gegenden Deutschlandes in Briefen. 2. Bd. Augsburg 1797. – Babinger, Franz: Othmar Frank (1770–1840) – ein Beitrag zur Geschichte der morgenländischen Studien in Bayern. In: Zeitschrift für bayerische Landesgeschichte 22 (1959), S. 77–123. – Dippold, Günter: Johann Baptist (Roman) Schad aus Mürsbach – Herkunft, Jugend und Leben im Kloster. In: Heimat Bamberger Land 3 (1991), S. 121–127. – Forster, Wilhelm: Die kirchliche Aufklärung bei den Benediktinern der Abtei Banz im Spiegel ihrer 1772–1798 herausgegebenen Zeitschrift. In: Studien und Mitteilungen zur Geschichte des Benediktinerordens 63 (1951), S. 172–233; 64 (1952), S. 110–233. – Frank, Othmar: Andenken an Ildephons Schwarz, Benediktiner, Bibliothekar und Professor der Philosophie, Mathematik und Theologie im Stifte Banz. Bamberg/Würzburg 1795. – Handschuh, Gerhard: Museen in Oberfranken. Bamberg 1986. – Herd, Rudolf: Banzer Reisebeschreibungen aus dem 18. Jahrhundert. In: Geschichte am Obermain 6 (1970/71), S. 13–29. – Heß, Wilhelm: Die Verteidigungsschrift des Banzer Benediktiners und Bamberger Universitätsprofessors J. B. Roppelt. In: Studien und Mitteilungen zur Geschichte des Benediktinerordens NF 5 (1915), S. 403–481. – Ders.: Die physikalischen Kabinette der Klöster Langheim und Banz bei der Säkularisation. In: 73. Bericht des Historischen Vereins Bamberg (1915), S. 3–56. – Ders.: Die Bildersammlung des Klosters Banz um die Mitte des 18. Jahrhunderts. In: Historisch-Politische Blätter 158 (1916), S. 73–84, 137–152. – Ders.: P. Johann Baptist Georg Roppelt. In: Lebensläufe aus Franken 1 (1919), S. 386–395. – Ders.: Bamberg und Würzburg im Kampfe, ein Ausschnitt aus dem vorletzten Abtswechsel in Kloster Banz, zugleich ein Beitrag zur Etikettenfrage des 18. Jahrhunderts. In: Bamberger Blätter 3 (1926), S. 2–4, 7 f., 11 f., 15 f. – Ders.: Ein pseudonymer Besuch in Kloster Banz und seine Offenbarung eines Weltgesetzes. In: Bamberger Blätter 5 (1928), S. 59–63. – Ders.: Das Benediktinerkloster Banz als Hort wissenschaftlicher Naturanschauung. In: Bamberger Blätter 6 (1929), S. 62–64, 67 f. – Ders.: P. Placidus Joh. Phil. Sprenger. In: Lebensläufe aus Franken 4 (1930), S. 398–409. – Hirsching, Friedrich Karl Gottlob: Historisch-Geographisch-Topographisches Stifts- und Closter-Lexicon. 1. Bd. Leipzig 1792, S. 281–295. – Hofmann, Hanns Hubert: ...sollen bayerisch werden. Die politische Erkundung des Majors von Ribaupierre durch Franken und Schwaben im Frühjahr 1802. Kallmünz 1954. – Jäck, Joachim Heinrich: Pantheon der Litteraten und Künstler Bambergs. Bamberg/Erlangen 1812–1815. – Ders.: Über die Entstehung und den Untergang der Abtei Banz vom J. 1058–1803. In: Archiv für Geschichte und Alterthumskunde von Oberfranken 3, 2 (1846), S. 1–14. – [Kalb, Charlotte von:] Charlotte. Berlin 1851. – Kuhn, Martin: Die Welt des barocken Klosters Banz im Spiegel seiner Benediktiner-Zeitschrift 1772–1798. In: Geschichte am Obermain 6 (1970/71), S. 33–70. – Lindner, Pirmin: Die Schriftsteller und die um Wissenschaft und Kunst verdienten Mitglieder des Bendiktinerordens im heutigen Königreich Bayern vom Jahre 1750 bis zur Gegenwart. Regensburg 1880, Bd. 2, S. 203–227. – [Meyer, Ehregott Friedrich Adam:] Kleine Reisen in die schönsten Gegenden meines Vaterlandes. Erstes Bändchen, oder Reise nach Stift und Kloster Banz. Weimar 1801. – Schad, Johann Baptist: Lebensgeschichte. Altenburg ²1828. – Schatt, Georg Ildephons: Lebens-Abriß des [...] Herrn Gallus Dennerlein, Abten und Prälaten des aufgelößten Benedictiner-Stifts Banz. Bamberg/Würzburg 1821. – Scherer, Christoph: Der Philosoph Johann Baptist Schad und sein Schicksal. Bamberg 1942. – Schwarz, Ildephons: Anleitung zur Kenntniß derjenigen Bücher, welche den Candidaten der Theologie, den Stadt- und Landpredigern, Vicarien etc. in der catholischen Kirche wesentlich nothwendig und nützlich sind. 2. Bd. Coburg 1804. – Sprenger (wie oben). – Vollet, Hans: Weltbild und Kartographie im Hochstift Bamberg. Kulmbach 1988. – Wackenroder, Wilhelm Heinrich: Werke und Briefe. Heidelberg 1967. – Walther, Karl Klaus: Johann Baptist Schad in Rußland. In: Heimat Bamberger Land 3 (1991), S. 128–132.

Banz seit 1803

Abtei Engelszell an der Donau. Engelszell 1932. – Arneth, Gerhard: Von Keller-, Kloster- und Kastenämtern zum Landkreis Lichtenfels. In: Im oberen Maintal, auf dem Jura, an Rodach und Itz. Lichtenfels 1990, S. 101–135. – B.: Engelszell. In: Cistercienser-Chronik 37 (1925), S. 217–220. – Dippold, Günter: Korbmacherei und Korbhandel am Obermain 1770–1850. In: Vom Main zum Jura, Heft 1 (1985), S. 23–77. – Forster, Wilhelm: Die Säkularisation und das Benediktinerkloster Banz. In: Wittelsbach und Bayern. Bd. III/1. München 1980, S. 95–100. – Friedrich, Franz: Unveröffentlichte Bildnisse zur Bamberger Geschichte des 19. Jahrhunderts. In: 122. Bericht des Historischen Vereins Bamberg (1986), S. 73–87. – Geyer, Xaver: 50 Jahre Auslandsdeutsche Missionsarbeit für Glauben und Volkstum. Freiburg i. Br. 1936. – Heid, Max: Josef Viktor von Scheffels Sommeraufenthalt in Banz 1859. In: Geschichte am Obermain 4 (1966/67), S. 153–166. – Heß, Wilhelm: Die Säkularisation des Klosters Banz und das Peculium cleri. In: Theologisch-praktische Monatsschrift 28 (1917), S. 340–357. – Jäck (wie oben). – Kerling, Richard: Literatur in der Provinz. Ein Rückblick auf 150 Jahre poetisches Schaffen am Obermain. In: Im oberen Maintal, auf dem Jura, an Rodach und Itz. Lichtenfels 1990, S. 421–468. – Kindermann, Udo: Scheffels petrefaktisch Lied. In: Erlanger Bausteine zur fränkischen Heimatforschung 29 (1982), S. 17–33. – Kohles, Heinrich: Joseph Viktor von Scheffel, der Dichter des Frankenliedes. In: 100 Jahre Landkreis Staffelstein. O. O. 1962, S. 107–119. – Kuhn, Martin: Schloß Banz im Erlebnis des Dichters. In: Festschrift zum 80. Geburtstag von Hermann Oskar Schulze. Lichtenfels 1946, S. 87–102. – Kuhn, Oskar: Carl von Theodori, Paläontologe, 1788–1857. In: 56. Bericht der Naturforschenden Gesellschaft Bamberg (1981), S. 6–11. – Meyer, Heinrich: In Freud und Leid mit Banz verbunden. Von den wechselseitigen Beziehungen zum Bergkloster. In: Geschichte am Obermain 6 (1970/71), S. 71–104. – Müssel, Karl: In Banz erlebt, erlesen und ersonnen? Scheffels Frankenlied aus neuer Sicht. In: Geschichte am Obermain 14 (1983/84), S. 152–161. – Neubauer, Heinrich: Die Gruft in der Kirche zu Banz. In: Vom Staffelberg zum Kordigast 2 (1926), Nr. 7–10. – Ders.: Beitrag zur Entstehung der Pfarrei Banz. Ebd., Nr. 12 f., 15. – Ders.: Der Glockenverkauf zu Banz 1806. Ebd., Nr. 28 f. – Rall, Hans und Marga: Die Wittelsbacher in Lebensbildern. Graz u. a. 1986. – Roos, Thomas Aq.: Kloster Banz. Eine Neugründung der reformierten Cistercienser. In: Cistercienser-Chronik 33 (1921), S. 100–104. – Theodori, Carl: Geschichte und Beschreibung des Schlosses Banz in Bayerns Oberfranken. München 1846, ²1857. – Urban, Josef: Kirchengeschichtliche Stationen seit 1802. In: Im oberen Maintal, auf dem Jura, an Rodach und Itz. Lichtenfels 1990, S. 261–301. – Weiß, Hildegard: Lichtenfels-Staffelstein. München 1959 (Historischer Atlas von Bayern, Teil Franken, I, 7). – Zentner, Wilhelm (Hrsg.): Zwischen Pflicht und Neigung. Scheffel in Donaueschingen. Briefe ins Elternhaus 1857/59. Karlsruhe 1946. – Tag-Blatt der Stadt Bamberg 1837, S. 61 f., 775, 867 f.; 1845, S. 69, 109, 152, 1429; 1851, S. 353 f. – Lichtenfelser Tagblatt vom 30.1.1886, 19.2.1886, 29.7.1887, 16.7.1892, 31.7.1897, 29.11.1905, 28.9.1907, 19.5.1920.

Baugeschichte des Klosters

Breuer, Tilmann: Landkreis Lichtenfels. München 1962. – Die Dientzenhofer. Barocke Baukunst in Bayern und Böhmen. Rosenheim 1991. – Dippold, Günter: Name und Ausstattung des Banzer Kaisersaales. In: Vom Main zum Jura, Heft 6 (1991), S. 127–133. – Fischer, Hermann/Wohnhaas, Theodor: Die Orgeln von Banz. In: Würzburger Diözesangeschichtsblätter 32 (1970), S. 145–159. – Franz, Heinrich Gerhard: Die Dientzenhofer. Ein bayerisches Baumeistergeschlecht in Böhmen und Franken. München 1991. – Herd (wie oben). – Heß, Wilhelm: Johann Georg Neßtfell. Straßburg 1908. – Ders., Verteidigungsschrift (wie oben). – Hoffer, Kenneth: Johann Georg Bergmüllers Fresko für die Bibliothek des Benediktinerklosters Banz. In: Jahrbuch der bayerischen Denkmalpflege 34 (1980), S. 208–226. – Hotz, Joachim: Zur Baugeschichte des Klosters Banz. In: 103. Bericht des Historischen Vereins Bamberg (1967), S. 447–484. – Korth, Thomas: Leonhard Dientzenhofers Ebracher Architektur. In: Festschrift Ebrach 1127–1977. Volkach 1977, S. 259–343. – Ders.: Von der Renaissance zum Klassizismus. Grundzüge der neueren Kunstgeschichte am Obermain. In: Oberfranken in der Neuzeit bis zum Ende des Alten Reiches. Bayreuth 1984, S. 377–542. – Ders.: Zur Entstehungsgeschichte des Schlosses Tambach – Methodisches zur Baugeschichtsforschung. In: 120. Bericht des Historischen Vereins Bamberg (1984), S. 445–456. – Lippert, Karl-Ludwig: Landkreis Staffelstein. München 1968. – Meinecke, Viktoria: Die Fresken des Melchior Steidl. Phil. Diss. München 1971. – Meyer, Reisen (wie oben). – Petzet, Michael: Johann Baptist Roppelts „Geometrischer Grund Riß“ von 1774 und die Planungen für Kloster Banz. In: Jahrbuch der bayerischen Denkmalpflege 34 (1980), S. 227–276. – Radunz, Elisabeth: Künstler in Kloster Banz. Die Malerfamilie Meuser aus Schney. In: Geschichte am Obermain 6 (1970/71), S. 127 – Ostfranken. Kulmbach ²1983. – Spering, Christoph: Die Seuffert/Woehl-Orgel von 1987 in der Klosterkirche zu Banz. In: Ars Organi 38 (1990), S. 29–39. – Teufel, Richard: Banz und Vierzehnheiligen. Lichtenfels 1935, ⁵1971. – Trenschel, Hans-Peter: Beiträge zum Leben und Werk des Bildhauers Johann Thomas Wagner. In: Mainfränkisches Jahrbuch 28 (1976), S. 55–94.

Valentin Rathgeber

Dippold, Günter: Zur „Geniereise“ Valentin Rathgebers. In: Vom Main zum Jura, Heft 6 (1988), S. 33–42. – Dotzauer, Wilfried: Die kirchenmusikalischen Werke Johann Valentin Rathgebers. Phil. Diss. Erlangen-Nürnberg 1976. – Hellmuth, Max: Johann Valentin Rathgeber. Ein mainfränkischer Barockkomponist 1682–1750. Phil. Diss. Erlangen 1943.

Besitz und Rechte

Albers, Bruno: Eine Steuerrolle für die Bendiktinerabteien der mainzischen Provinz vom Jahre 1493. In: Studien und Mitteilungen aus dem Benediktiner- und dem Zisterzienser-Orden 20 (1899), S. 102–122. – Geldner, Ferdinand: Langheim. Wirken und Schicksal eines fränkischen Zisterzienser-Klosters. Lichtenfels ²1990. – Roppelt (wie oben). – Sprenger (wie oben). – Weißenberger, Paulus: Eine Steuerrolle für die Benediktinerabteien der Mainz-Bamberger Provinz vom Jahre 1515. In: Studien und Mitteilungen zur Geschichte des Benediktinerordens 48 (1930), S. 328–331.

Zu Einzelfragen wurden Archivalien des Staatsarchivs Bamberg herangezogen, besonders aus den Beständen A 121, A 232, B 93 und K 200.

Abbildungsnachweis

Alle Aufnahmen (mit Ausnahme von S. 72 und der Luftaufnahmen) stammen von Andreas Bornschlegel. Für die Erlaubnis zu Innenaufnahmen ist der Hanns-Seidel-Stiftung, Herrn Pfarrer Hans-Werner Alt und P. Dominik Lutz zu danken.

Die Vorlagen für den vorderen und den hinteren Vorsatz sowie für die Abbildungen auf S. 48f., 84, 87, 89, 116f., 194, 200, 203, 206, 208 sind Eigentum SKH Maximilian Herzogs in Bayern. Für die Veröffentlichungsgenehmigung wird gedankt.

Die Porträts der Banzer Äbte (S. 50, 57f., 63, 65, 69, 71, 76f., 109), sämtlich Ölgemälde auf Leinwand, gehören der Abtei Münsterschwarzach, die freundlicherweise Reproduktion und Veröffentlichung gestattete.

Das Porträt Johann Baptist Roppelts (S. 72), ein Ölgemälde auf Holztafel, ist im Besitz des Historischen Vereins Bamberg (H. V. Rep. 21/2 Nr. 128) und wird in der Staatsbibliothek Bamberg aufbewahrt. Für die Veröffentlichungsgenehmigung danken wir Herrn Bibliotheksdirektor Dr. Bernhard Schemmel. Die Reproduktion fertigte Herr Alfons Steber.

Die Luftaufnahmen stammen von Fa. Foto-Engel, Coburg.

Marter des 18. Jahrhunderts am Fußweg von der Klosterkirche zum Friedhof

Maßstab
von
300 Ruthen
50
100
200
300
Kloster Banz
von der Nord-Ostlichen
Seite
Kazenlöcher
Jägers Kreuze
Weeg
Geißbron
Alte Kohlstatt
Vogelherd
Lambersroth
Stegeliz
Stadler Weeg
Stadler Weeg
Scheidecken
Tiefe Graben
Blazen
Heckenspitzen
Weeg nach
Lochwiese
Merzen See
F. Ioa